Manz-Lernhilfen

Übungen für das 3. Lateinjahr

von Konrad Bensch

Manz Verlag München

2. Auflage 1974

Manzbuch 326

Umschlagentwurf: Ingeburg Rothemund, München. Hergestellt bei Verlag und Druckerei G. J. Manz, Aktiengesellschaft, Zweigniederlassung Dillingen/Donau. Printed in Germany.

ISBN 3-7863-0326-6

INHALTSVERZEICHNIS

VORWORT

Das Erlernen jeder Sprache erfordert neben der aufmerksamen Mitarbeit in der Schule einen gewissen häuslichen Fleiß, den der beste Lehrer und die modernsten Unterrichtsmethoden nicht überflüssig machen können. Ein tüchtiger Schüler wird dabei keine Schwierigkeiten haben. Andere Schüler, die aus unterschiedlichen Gründen nicht am Fleiß scheitern, sondern vielmehr durch fehlende Voraussetzungen gehindert sind, das im Unterricht geforderte Pensum in der befristeten Zeit zu erlernen, sind auf zusätzliche Hilfe angewiesen.
Mit den Bänden der Reihe »Manz-Lernhilfen für Gymnasien und Realschulen« werden entsprechende Übungen vorgelegt, die ein Nacharbeiten mit der Absicht, das Klassenziel zu erreichen, ermöglichen. Darüber hinaus bietet der Lösungsteil auch den Eltern, die nicht selbst Latein können, eine Kontrollmöglichkeit. Sie werden sich leicht von der richtigen oder falschen Ausführung der hier geforderten Übungen überzeugen können.
Der Lehrstoff und der Wortschatz sind den verschiedenen lateinischen Unterrichtswerken weitgehend angepaßt, die in den einzelnen Bundesländern zugelassen sind. Die Schwierigkeitsstufe schreitet innerhalb der einzelnen Abschnitte voran.
Die »Übungen für das 3. Lateinjahr« haben es sich zum Ziel gesetzt, eine zusätzliche Hilfe zum Unterrichtswerk (Lehrbuch) des Schülers zu geben. Sie ist kein Ersatz für ein Lehrbuch oder für den Unterricht durch den Lehrer. Am Grundsatz, an Einzelsätzen Wort und Regel zu üben, wurde festgehalten. Der Band setzt die Reihe der bisher erschienenen Manz-Lernhilfen für das 1. und 2. Lateinjahr fort, wobei die bewährte, übersichtliche Aufteilung des Lehrstoffes beibehalten wurde.

Im Rahmen der gründlichen Erfassung des gesamten lateinischen 3. Klassenpensums ist der Kasuslehre ein besonders weiter Raum gewidmet worden, deren mangelnde Beherrschung im Unterricht immer wieder in Erscheinung tritt. Absichtlich wurde auch der Ablativ eingeschlossen, der an manchen Gymnasien erst im 4. Lateinjahr behandelt wird. Damit wird dieser bedeutsame Grammatikstoff in einer geschlossenen Übersicht dargestellt und dem Schüler die Vergleichs- und Nachschlagemöglichkeit der einzelnen Kasus geboten. Es kann den Schülern der Unterstufe nicht oft und dringend genug empfohlen werden, der Festigung des Wortschatzes besonderen Fleiß und Aufmerksamkeit zu widmen. Denn nur dessen sichere Beherrschung gestattet das erfolgreiche Übersetzen in den Oberklassen. Wer vorher die lateinische Sprache in ihrem logischen Aufbau kennen und beherrschen gelernt hat, wird an ihr Freude haben und gute Zeugnisnoten erhalten.

An dieser Stelle sei Herrn Oberstudienrat Georg Glück für seine wertvollen Anregungen und Ratschläge bei der Abfassung des Manuskripts gedankt.

Mit diesem Weg der häuslichen Nachhilfe und Selbsthilfe wird es möglich sein, das geforderte Klassenziel zu erreichen. Viel Erfolg!

München, im März 1970 Konrad Bensch

ANLEITUNG

1. Die »Übungen für das 3. Lateinjahr« stellen eine zusätzliche Übungsmöglichkeit mit Kontrolle dar. Maßgebend ist stets die Teilnahme des Schülers am Klassenunterricht. Durch die Nachhilfe soll der Schüler keinesfalls überfordert werden. Deshalb sind die Übungen kurz gehalten.
2. Der Schüler sucht an Hand des Inhaltsverzeichnisses den zu übenden Stoff auf. Die Aufgaben werden also nicht der Reihe nach erledigt. Wird z. B. *ferre* und Komposita durchgenommen, beginnt der Schüler mit Übung Nr. [18].
3. Der deutsche Übungstext wird ins Lateinische übersetzt. Wo im Gymnasium eine Übersetzung vom Lateinischen ins Deutsche üblich ist, schlägt der Schüler den Lösungsteil auf und übersetzt die entsprechende Übung (z. B. *ferre* und Komposita = Lösung Nr. [18]) vom Lateinischen ins Deutsche. Der Schüler übersetzt schriftlich (ohne Hilfsmittel) in ein besonderes Arbeitsheft. Die eigene Übersetzung wird vor der Kontrolle laut durchgelesen.
4. Nun vergleicht der Schüler seine Übersetzung mit der gegebenen Übersetzung im Lösungsteil. Er streicht seine Fehler rot an und verbessert sie. Darauf schlägt er die entsprechenden Abschnitte in seinem Übungsbuch bzw. Grammatik nach und wiederholt die dort mitgeteilten Formen und Regeln.
5. Unbekannte Wörter werden nicht übersetzt, sondern nur durch einen Strich angedeutet, z. B.:
   Hannibal wehrte leicht die angreifenden Feinde ab. — Unbekannt ist das lateinische Wort für angreifen.
   Übersetzung: Hannibal facile hostes — propulsavit.
   An Hand des Übungsbuches wird nun festgestellt, ob das fehlende Wort im Klassenunterricht noch nicht durch-

genommen wurde oder ob es der Schüler vergessen hat. Ist diese Vokabel im Unterricht bereits durchgenommen, wird sie mit der Übersetzung in das Arbeitsheft eingetragen.

6. In dem Lösungsteil B sind sämtliche im Aufgabenteil mitgeteilten Übungssätze übersetzt bzw. die vorn gestellten Fragen beantwortet. Der Schüler soll diesen Buchteil aber erst aufschlagen, wenn er selbständig die Aufgabe gelöst und sie in sein Arbeitsheft eingetragen hat.
7. Der Lösungsteil ist nicht nur numeriert entsprechend der im Aufgabenteil aufgeführten Übungen, sondern enthält dieselben Kapitelüberschriften wie vorn im Buch. Der Schüler kann deshalb leicht Übungssätze aus dem Lateinischen ins Deutsche übersetzen, wenn er die entsprechenden Abschnitte im Lösungsteil aufschlägt; zur Kontrolle vergleicht er den Text mit derselben Übungsnummer vorn im Buch (Aufgabenteil).
8. Man sei nicht erstaunt, wenn der Schüler bemerkt, daß das Büchlein mehr Stoff enthält, als im 3. Lateinjahr durchgenommen wird. Es enthält den Stoff des neusprachlichen Gymnasiums mit Latein als 2. Fremdsprache. Wenn der Schüler also Latein als 1. Fremdsprache lernt, so wird er weniger Stoff durchnehmen, als in diesem Buch enthalten ist. Er kann dann die Übungen, die noch nicht durchgenommen worden sind, im nächsten Schuljahr verwenden. Für ihn sind allein sein Stoffplan, sein Lehrer und sein Übungsbuch maßgebend. Danach muß er die Kapitel in diesem Büchlein auswählen! Befolgt er diese Ratschläge, dann wird der Erfolg nicht ausbleiben.
9. Der Schüler sollte Übungen aus dem Nachhilfebändchen regelmäßig (etwa zweimal in der Woche) erledigen. Überforderung bewirkt das Gegenteil einer Förderung. Auch bei Besserung der schulischen Erfolge ist ein Weiterüben unerläßlich. Ein Erfolg bei Nachhilfe stellt sich nie sofort ein, sondern nur allmählich und bei stetem Fleiß.

A Aufgaben

Substantiva — Pronomina

[1]
Subjekt und Prädikat

Kongruenz — das deutsche Subjektswort »man« — Stellung des gemeinsamen Subjekts im Haupt- und Nebensatz

1. In vielen Gefahren ist die Wahrheit ein starker Schutz.
2. Im Walde herrschte (= war) Dunkelheit.
3. Athen ist eine sehr schöne Stadt gewesen.
4. Die Menschen sagen nicht immer, was (Plur.) wahr ist. Laßt uns aber stets das Wahre sagen!
5. Wer einmal Falsches gesagt hat, dem glaubt man nicht.
6. Man lobt uns, wenn wir fleißig sind.
7. In alten Zeiten glaubte man an viele Götter.
8. Kann man die Sterne zählen?
9. Man sagt . . .; man überliefert . . .; man erzählt . . .
10. Was (Plur.) man wünscht, das glaubt man gern.
11. Als Caesar gefragt wurde (Plusqu.), antwortete er . . .
12. Nachdem der Sohn das Haus des Vaters verlassen hatte (Perf.), wurde er von großen Sorgen gequält.
13. Nachdem Varus im Teutoburger Wald die Römischen Legionen verloren hatte (Perf.), soll der Kaiser in Rom ausgerufen haben: Varus, gib mir [meine] Legionen wieder!
14. Wenn die Griechen nicht klüger und tüchtiger (= tapferer) gewesen wären als die Vielzahl der Perser, hätten sie diese [Perser] nicht besiegen können.
15. Ein Vater schreibt an die Schule: Da mein Sohn krank ist, kann er die Schule nicht besuchen.

[2]
Das Pronomen als Subjekt

1. Dieses ist unser, jenes ist euer Haus.
2. Bewundere jene Rosen dort! Dies sind meine liebsten Blumen.
3. Betrachte den hellen Mond! *Er* (= dieser) ist der ständige Hüter der Nacht.
4. Laßt uns die Landkarte (= Tafel) Europas betrachten: Dies ist der ganze Kontinent, dies sind die einschließenden Meere, jenes sind die zahlreichen Gebirge.
5. Gib mir dieses Buch da! *Es* ist das beste von allen (Gen.).

[3]
Genus und Numerus bei mehreren Subjekten

a) Personen
1. Vater, Mutter, Brüder und Schwestern sind mir die liebsten.
2. Unter (= zwischen) der Beute waren: Männer, Frauen, Kinder, Greise, auch Pferde und andere Haustiere (= *pecus, -udis* fem.), welche alle zusammen von den Feinden fortgeschleppt worden sind (= *deportare*).
3. Niobe und ihre Söhne sind getötet worden.

b) Sachen
1. Himmel und Erde sind von Gott geschaffen worden.
2. Ehren und Reichtum sind hinfällig.
3. Haus, Hof und Garten gehören mir (= sind meine).

[4]
Korrelativa

1. Alexander der Große hat so viele Siege errungen wie kein Feldherr zuvor.
2. Claudia ist nicht so schön wie du, aber klüger.

3. Je mehr (Neutr. Plur.) du lernen wirst (Fut. exakt), um so klüger wirst du sein.
4. Wie der Herr, so der Diener.
5. Wieviel Köpfe, soviel Sinne.
6. Je besser du handeln wirst (Fut. exakt), desto mehr wirst du gerühmt werden.

[5]
Relativer Satzanschluß

1. Themistokles ist von seinem Vater enterbt worden (= *exheredare*). Diese Schande hat ihn nicht gebrochen, sondern aufgerichtet.
2. Hannibal ist von dem König Prusias verraten worden. Dieses Verbrechen hat Hannibal den Tod bereitet.
3. Caesar ist einigen Römern zu mächtig (Komparativ) geworden. Deshalb wurde er von Brutus und Cassius ermordet.
4. Alesia war eine bedeutende Stadt in Gallien. Diese ist von den Legionen Caesars heftig belagert worden.
5. Hannibal ist der erbittertste Feind der Römer gewesen. Dieser hat sie [in] vielen Schlachten besiegt.
6. Du hast mir sehr geholfen. Dies werde ich immer schätzen.

Gebrauch des Imperfekts und Perfekts

[6]

1. Als sich Caesar im römischen Senat aufhielt, wurde er von den Verschwörern getötet.
2. Die Germanen jagten gern in den weiten Wäldern.
3. Das Wild wurde [so lange] gejagt, bis (= *donec*) es von den vielen Jägern erlegt wurde (= *captare*).

4. Die Bewohner der Stadt gaben sich sorglos der Ruhe hin. Plötzlich wurden sie durch einen riesigen Lärm aufgeweckt.
5. Remus wurde von seinem Bruder Romulus getötet, weil er diesen verspottet hatte (= *insultare* mit Dat.).
6. Rom wurde nicht an *einem* Tage erbaut.
7. Die kleine Stadt wurde [so lange] belagert, bis (= *donec*) sie sich den mächtigeren Feinden ergab.
8. Horatius Cocles verteidigte die Brücke in Rom so lange, bis seine Gefährten gerettet wurden.
9. Die Germanen verehrten ihre Götter nicht in Tempeln, sondern in heiligen Hainen.
10. Die Griechen fragten das Delphische Orakel, die Römer die Eingeweideschauer (= *haruspex, -icis*), die Germanen die Losstäbchen (= *sors, -tis*) um Rat, wenn (= *cum*) sie über Krieg oder Frieden entscheiden wollten.
11. Wer einmal gelobt wurde, soll nicht stolz sein!

Beugung unregelmäßiger Verben

[7]

Unregelmäßige Verben (1. und 2. Konjugation)

a) Verben auf *-are*

1. Warum hast du das Kleid nicht gewaschen? Es kann nicht gewaschen werden.
2. Die Mutter hatte die Kinder sehr gescholten, weil sie ihre Aufgaben nicht geleistet hatten.
3. Schilt nicht, wenn es nicht gerecht ist!
4. Die Alten verfertigten aus geschnittenen Hölzern Hütten und Schiffe.
5. Soldaten, die (Part.) nicht kämpfen wollen, sind unnütz, wie Scipio sagt.

6. Die Kinder fürchteten sich, weil es sehr geblitzt und gedonnert hatte.
7. Laßt uns drohenden (Part. Präs. und Fut.) Gefahren mutig und kühn begegnen!
8. Gib nicht blindlings Menschen Geld, die (Part.) dir einen Vorteil versprechen!

b) Verben auf *-ere*

1. Mit deinen törichten Worten hast du dir selbst mehr geschadet als deinem Gegner.
2. Zürne nicht ohne gerechten Grund!
3. Nicht alle, die im Gefängnis gesessen haben, sind schlecht. Sie haben vielleicht durch die Schuld anderer gefehlt (= gesündigt).
4. Waget nicht einen Gegner zu reizen, dessen Kräfte ihr nicht kennt!
5. Betrachte zuerst deine eigenen Taten, dann diejenigen anderer!
6. Wer nicht wagt (Präs. und Fut.), kann nicht gewinnen (= siegen).
7. Wer nicht gehorchen will (Part. Fut. mit *esse*), muß bestraft werden.

[8]
Verben auf *-ere* (3. Konjugation)

Perfekt auf *-vi, -ui, -si (xi)*

1. Die eilig herbeigeholten Hilfstruppen haben die heftig bedrängte Stadt rechtzeitig befreit.
2. Du hast nicht unseren Rat gesucht; also führe deine schwierige Sache allein!
3. Verschmähe nicht die Hilfe ehrlicher Freunde!
4. Die im Kriege verbrannten Hütten – der niedergeschlagene Aufstand – die gehaltene Rede – die Kriegstaten.
5. Die Räuber hatten die reiche Beute in die Stadt gefah-

ren. Dann sind sie von neuem gegen die unbewaffneten Kaufleute losgegangen (= *invehi*).

6. Die Karthager haben gegen die Römer lange Krieg geführt.
7. Verlaß nicht einen sicheren Platz, wenn du nicht zuvor einen besseren gefunden hast!
8. Halte, was (Plur.) du versprochen hast (zwei Konstruktionen!).
9. Daß du doch dein Werk vollendet hättest!
10. Ich habe dich immer hoch geschätzt (= geliebt). Du hast deine Freunde sorgfältig ausgewählt.
11. Wer gesiegt hat, soll Maß halten! Schon viele haben den guten Erfolg eines Sieges durch ihren Übermut verloren.
12. Der edle Herr hatte die Elenden mit seiner Macht und seinem Reichtum geschützt (zwei Konstruktionen!).

[9]
Weitere Verben derselben Art

1. Der Konsul Cicero hat die Verschwörung des Catilina aufgedeckt.
2. In alten Zeiten kämpften die Soldaten mit gezogenen Schwertern.
3. Weiche nicht vom rechten Wege (bl. Abl.) ab!
4. Jene Arbeiter hatten ihre Arbeit leichtfertig vernachlässigt. Daraus (= aus diesem) ist ein großes Unglück entstanden.
5. Warum hast du dich verletzt? Du bist unachtsam gewesen.
6. Teile und herrsche!
7. Nach dem Tode Alexanders des Großen ist dessen Reich geteilt worden und später untergegangen (= ausgelöscht worden).

8. Romulus hat den Bruder umgebracht, weil dieser jenen verspottet hatte.
9. Quäle nie ein Tier zum Scherz (= *per iocum*); denn es fühlt wie (= *aeque ac*) du den Schmerz!
10. Streue keine unwahren (= lügnerischen) Gerüchte aus!

[10]
Weitere Verben derselben Art

1. Der siegreiche Feldherr hat das abtrünnige Volk (= *gens*) schwer bestraft, weil es das Bündnis leichtfertig gebrochen hatte (= *rumpere*).
2. Jetzt ist für die Hausfrauen (*matrona*, setze Dativ!) die Gelegenheit, günstig einzukaufen (= des günstig Einkaufens).
3. Leonidas hat die Thermopylen mit (= *cum*) einer auserwählten Schar verteidigt.
4. Verlasse (= zurücklasse) deine Freunde nicht, wenn (Part.) sie sich in Not befinden!
5. Unser Vater hat ein Pferd gekauft.
6. Wer seine Pflichten vernachlässigt hat (Fut. exakt), soll sich nicht wundern, wenn er den Erfolg nicht sehen wird.
7. Es macht Freude, lange zu leben, gelebt zu haben, leben zu werden.

[11]
Verben der 3. Konjugation mit Perfekt-Reduplikation

1. Catilina wollte (coniug. periphr. act.) den römischen Staat zugrunde richten.
2. Pausanias hatte sein Volk (= *civitas*) schändlich verraten.
3. Wer zuviel getrunken hat, soll aufhören!

4. Mein Großvater will (coniug. periphr. act. wie in Satz 1) sein Haus verkaufen.
5. Glaube nicht alles, was dir die Nachbarn erzählen!
6. Der starke Regenfall hatte nicht aufgehört. Die Landleute beteten, daß er bald aufhöre (Imperf.).
7. Berühre nicht eine Schlange, damit sie dich nicht tödlich beißt!
8. Hast du alle deine Schulden bezahlt?
9. Wir wollen (coniug. periphr. act.) die hohen Bäume fällen.
10. Die Sonne will (coniug. periphr act.) untergehen.
11. Ihr seid uns nicht zu Hilfe geeilt, obwohl wir euch [dazu] angetrieben hatten.

[12]
Weitere Verben derselben Art

1. Vertreibe deine nutzlose Furcht! Denn wenn du sie vertrieben hast (Fut. exakt), wirst du ruhiger und stärker sein.
2. Hast du gehört, wie schön dieser Vogel gesungen hat?
3. Odysseus hat die Trojaner bitter getäuscht.
4. Karthago ist im Jahre 146 v. Chr. angezündet und ausgelöscht worden.
5. Clitus hatte Alexander ohne Überlegung (Adv.) so sehr beleidigt, daß dieser den Freund mit einer Lanze durchbohrte.
6. Der Zeuge ist von dem Richter scharf getadelt worden, weil er den Angeklagten ohne Beweis beschuldigt hatte. Es ist ein Verbrechen (= Unrecht), einen Unschuldigen beschuldigt zu haben.
7. Der Angeklagte konnte freigesprochen werden.
8. beschließen (Bilde alle Formen der 3. Pers. Sing., Ind., Konj., Akt., Pass.!)

9. haltmachen, stehenbleiben (Bilde wie zuvor alle Formen der 3. Pers. Sing. Aktiv!)

[13]
Verben auf *-sco* (Incohativa)

1. Wir lieben und pflegen die wachsenden Pflanzen und Lebewesen.
2. Wenn wir gut geruht haben, arbeiten wir mit größerer Kraft und Freude.
3. Gewöhne dich schon frühzeitig [daran], deine Pflichten zur rechten Zeit zu erfüllen!
4. Ich bin gewohnt (= ich pflege) die Wahrheit zu sagen.
5. Ich lernte meinen Freund in den Ferien kennen; jetzt kenne (= weiß) ich seine Tüchtigkeit und Treue. Wann hast du deinen Freund kennen gelernt?
6. Die Mutter hat dem Sohne den Irrtum verziehen.
7. Erkenne dich selbst!
8. Fordert nichts Unrechtes (Gen.)!
9. Durch Lernen wächst der Verstand.
10. Ihr werdet gelobt, weil ihr fleißig gelernt habt.
11. Die Kühe weiden auf der Wiese.
12. Hannibal ist seufzend nach Afrika zurückgekehrt.
13. Bemühe dich, daß du ehrenvoll alt wirst!

[14]
Verben der 3. Konjugation auf *-io*

1. In alten Zeiten wurden plündernde Soldaten nicht bestraft.
2. Der Tod hat unserem Volke viele tüchtige Männer entrissen.
3. Das Geschrei der Kinder hatte viele Einwohner angelockt.
   Übersetze den Satz noch einmal im Passiv!
4. Ein Werk beginnend, berücksichtige das Ende!

5. Der Priester Laokoon hatte das hölzerne Pferd des Odysseus mit einer Lanze durchbohrt (Drei Verben!).
6. Unterworfene Völker sehnen sich nach Freiheit.
7. Den Gefangenen ist große Furcht eingeflößt worden; dennoch verachteten sie die Sieger.
8. Begehre nicht fremdes Gut!
9. Verteidige dich, wenn dir Ehre und Freiheit geraubt werden!

[15]
facere und *fieri*

1. Schließe Frieden!
2. Laßt uns Frieden schließen!
3. Mit einem harten Gegner wirst du nicht leicht Frieden schließen.
4. Caesar schlug über den Rhein eine Brücke (Imperf. und Perf.).
5. Ich habe mit meinen Eltern eine Reise nach Ägypten unternommen (= gemacht). Wann und wohin werdet ihr reisen?
6. Der Freund hat mich über seine Ankunft benachrichtigt (siehe hierzu Übung Nr. [48] Satz 5 ff.).
7. Die Reiter haben ihre Pferde an die Schwierigkeiten (Abl.) der Wege gewöhnt.
8. Wir lieben die wärmende Sonne.
9. Der Friede möge endlich geschlossen werden!
10. Von den Verrätern wurde Gewalt angewendet (Imperf. und Perf.).
11. Karl der Große wurde im Jahre 800 n. Chr. Kaiser.
12. Dumme Menschen werden selten klug werden.
13. An Festtagen wird die hohe Tür des Tempels geöffnet werden.
14. Manche hartherzigen Menschen können sogar durch Liebe nicht erwärmt werden.

[16]
Komposita auf *-ficere* (Aktiv und Passiv)

1. Die Mutter hat uns für die Wanderung (Dat.) reichlich mit Nahrung (= Lebensmitteln) versehen.
2. Laßt uns den elenden Streit (= *lis, -itis* fem.) beenden!
3. Warum hat Romulus den Remus getötet?
4. Töte nicht!
5. Mehrere Städte Griechenlands waren von der Heimat abgefallen.
6. Mit Fleiß wirst du das Werk gut vollenden.
7. Labienus wurde von Caesar an die Spitze der Truppen gestellt (Imperf. und Perf.).
8. Durch die Rede Ciceros wurde eine Veränderung der öffentlichen Meinung bewirkt (Imperf. und Perf.).
9. Durch den tüchtigen Arzt wurden die Kräfte Alexanders wiederhergestellt (Imperf. und Perf.).

[17]
Deponentia der 3. Konjugation

1. Sprich nur Vernünftiges (Neutr. Plur.)!
2. Warum klagst du? Beklage dich nicht! Denn du hast keinen Grund.
3. Scipio und Hannibal haben sich vor der Schlacht bei Zama (= gemacht) unterhalten.
4. Ich will (coniug. periphr. act.) mich mit dir unterhalten.
5. Die Mutter hat den zurückkehrenden Sohn unter (= cum) großer Freude umfaßt.
6. Der Grieche Ephialtes hat durch seinen Verrat schlechten Ruf erlangt.
7. Der sterbende Alexander hat dem Perdiccas seinen Ring gegeben.
8. Laßt uns das Capitol betreten!

9. Dulde tapfer die dir auferlegten Schmerzen!
10. Hannibal wehrte leicht die angreifenden Feinde ab.
11. Sei achtsam, daß dir die kostbare Zeit nicht entgleitet!
12. Caesar ermahnte die aufbrechenden Truppen.
13. Die geduldige Frau besänftigte den zürnenden Gatten.
14. Vater, kehre bald zurück! Der zurückgekehrte Vater wurde von allen stürmisch begrüßt.
15. Odysseus wollte (coniug. periphr. act.) in die Heimat zurückkehren.
16. Mißtraue unwürdigen Schmeichlern!
17. Das Mädchen hat der Mutter vertraut.

[18]
ferre und Komposita

1. Der Lehrer trug dem Schüler auf: »Trage dieses Buch weg und bringe jenes große herbei!«
2. Nach der schweren Schlacht sind die Verwundeten weggetragen und in die nächste Stadt gebracht worden.
3. Die Entscheidung wurde auf den folgenden Tag verschoben (Imperf. und Perf.).
4. Dem siegreichen Feldherrn wurde das Amt des höchsten Priesters angeboten (Imperf. und Perf.).
5. Die Schmerzen konnten nicht mehr ertragen werden.
6. Vergleiche nicht ungleiche Dinge miteinander (= *inter se*)!
7. Warum hat unser Lehrer den Tag der Prüfung (= *examen, -inis*) verschoben?
8. Der Senat hatte ein neues Gesetz eingebracht. Später ist dieses Gesetz aufgehoben worden; es konnte aufgehoben werden.
9. Die den Sieg meldenden (Komp. v. *ferre*) Boten sind vom Volke geehrt worden.
10. Ein Läufer soll den Sieg gemeldet (wie Satz 9) haben.

11. Schaffe das Hindernis beiseite (= weg)! Das Hindernis ist weggeschafft worden.
12. Die Sorge um die kranken Kinder (Gen.) konnte endlich aufgehoben werden.

[19]

velle – nolle – malle

1. Die Schüler wollten (Imperf. und Perf.) schwimmen, aber der Lehrer wollte dies nicht erlauben, weil der Fluß zu reißend (Kompar.) war.
2. Es ist ein Lob, das Gute zu wollen (= gewollt zu haben).
3. Warum wollt ihr dies tun?
4. Ich will lieber in einem kleinen Hause der Herr als in einem großen Hause der Knecht sein.
5. Dasselbe wollen und dasselbe nicht wollen, das ist wahre Freundschaft.
6. Es sind mehrere Freunde. Die einen wollen schwimmen, die andern wollen wandern. — Was wollt *ihr* lieber?
7. Der Vater zum Sohne: »Warum willst du nicht lernen?« Der Sohn zum Vater: »Ich will lieber spielen.« — Der Vater: »Du hast genug gespielt. Jetzt ist die Zeit des Lernens.«
8. Wer [als] Knabe nicht fleißig lernen will, muß [als] Mann mit größerer Mühe arbeiten.
9. Caesar wollte (Imperf. und Perf.) die von den Feinden gesuchte Schlacht nicht annehmen; deshalb hielt er die Legionen im Lager zurück.
10. Die alten Germanen wollten nichts lieber als jagen und sich in den Waffen üben (Pass.).
11. Lüget nicht! (Zwei Konstruktionen!) — Verzweifelt nicht! (Zwei Konstruktionen!) — Schweige nicht (zwei Konstruktionen), wenn du jemanden ein Unrecht tun (Part.) siehst!

12. Die Griechen Asiens wollten lieber frei (Nom.) sein als unter der Herrschaft der Perser leben.
13. Manchmal sind wir gezwungen zu tun, was (Plur.) wir nicht [tun] wollen.
14. Sokrates wollte nicht aus dem Gefängnis entfliehen; er wollte lieber den Gesetzen gehorchen.
15. Daß du doch deine Bücher lieben wolltest (Präs.)!

[20]
ire und Komposita

1. Ich will lieber zu Fuß (Abl. Plur.) gehen als fahren.
2. Mögest du stets den rechten Weg gehen!
3. Gestern gingen wir nicht ins Theater, aber heute werden wir gehen.
4. Die Bewohner der Berge täuschten den Hannibal, so daß dessen Heer den falschen Weg ging.
5. Als die Einwohner ahnungslos aus der Stadt herausgingen, wurden sie von Räubern überfallen.
6. Caesar führte die schon zurückgehenden Soldaten von neuem in die Schlachtreihe.
7. Im Teutoburger Wald ging Varus mit seinen Legionen zugrunde.
8. Jetzt möge die Traurigkeit verstummen und untergehen! Jetzt laßt uns trinken und fröhlich sein!
9. Als die Elefanten den Fluß nicht freiwillig überschreiten wollten, wandte Hannibal eine List an.
10. Nimm tapfer Gefahren auf dich! Nur so lernst du, deine Kräfte (Abl.) zu gebrauchen.
11. Der Senat schloß mit den Gesandten ein Bündnis (Kompos. v. *ire*).
12. Dekliniere im Sing. und Plur.: die vorübergehende Gefahr.
13. In alten Zeiten wurden die Gefangenen oft [als] Sklaven verkauft (Imperf. und Perf.). Die Sklaven kamen

(Imperf. und Perf.) in die Stadt, um (= *ut*) Waren ihrer Herren zu verkaufen.

14. Diese Pferde können nicht verkauft werden.
15. Der von den Feinden eingeschlossene Heereszug kämpfte mit äußerster Kraft, damit er nicht zugrunde ging.
16. Der Konsul hat an den Kalenden des Januar sein Amt angetreten. Das Volk begrüßte den sein Amt antretenden Konsul.

[21]
coepi – odi – memini

1. Die Feinde fingen (Imperf. und Perf.) schon an, die Stadt zu plündern; da erschien unvermutet Hilfe [für] die leidende Stadt (Dat.).
2. Beginne schnell dein Studium!
3. Hannibal haßte die Römer.
4. Die Eltern gedachten oft ihrer Kinder, [die] sich im fremden Land aufhielten (Part.).
5. Wir können uns nicht erinnern.
6. Gedenke [daran], im Wettstreit zu gewinnen.

[22]
Akkusativ mit Infinitiv — Grundform und Verfeinerungen

1. Die Trojaner glaubten, daß die Griechen abgezogen seien.
2. Sokrates sagte: Ich weiß, daß ich nichts weiß.
3. Vergiß nicht, daß deine Eltern große Mühe für dich (Dat.) aufgewendet haben.
4. Ich verspreche dir, nichts zu unterlassen, was dir nützlich sein könnte (Präs.).
5. Der Zeuge hat offenbar Falsches gesagt.

6. Wahrscheinlich werden wir uns im nächsten Jahre wieder (= von neuem) sehen.
7. Bekanntlich ist Troja durch List erobert worden.
8. Mein Vater hofft, daß ich einstmals ein tüchtiger Mann sein werde. Ich hoffe, daß er nicht getäuscht werden wird.
9. Die Kreter nahmen von Hannibal große Gefäße an; sie glaubten, daß diese mit Gold und Silber angefüllt sind.
10. Mein Freund glaubt, daß du zwar tüchtig und klug bist, daß er selbst aber noch klüger sei als du.
11. Es gehört sich, daß wir den Gesetzen gehorchen.
12. Der Anführer der Griechen drohte, daß er die Brücke über (*in* mit Abl.) den Hellespont abbrechen werde.
13. Der Angeklagte schwor, daß er kein Unrecht begangen habe.
14. Daedalus hoffte, daß er und sein Sohn unversehrt (adjektivisch) fliegen würden.
15. Die Frau sagte, daß ihre Tochter bald heiraten werde.

[23]
Konstruktionen mit *fore, ut*

1. Der glückliche Hausherr (= Herr des Gebäudes) hofft, daß die Bäume seines Gartens im nächsten Frühjahr reichlich blühen werden.
2. Die Zeugen versprachen, daß sie über das erlittene Unrecht nicht schweigen werden (Imperf.).
3. Hannibal versprach, daß er niemals aufhören werde, ein Feind der Römer zu sein (Übersetze den Satz einmal mit *fore* und einmal ohne *fore*!).
4. Der Lehrer hofft, daß Claudius seine Faulheit bald bereuen wird.

[24]
velle, nolle, malle, cupere mit Infinitiv oder A. c. I.

1. Hannibal begehrte Rom einzunehmen, aber es gelang [ihm] nicht.
2. Ich wünsche sehr, daß du mein Freund wirst.
3. Wir alle wollen glücklich sein.
4. Der Vater will nicht, daß unser Haus verkauft wird.
5. Der edle Mann wollte lieber, daß er sterbe als seine Kinder.

[25]
Unregelmäßige Verben — A. c. I. — relativer Satzanschluß

Mucius Scaevola

Ungefähr um das Jahr 507 vor Chr. belagerte der König Porsenna die Stadt Rom und fügte den Römern schwere Verluste zu. Diese Schmach wollte Mucius, ein [sehr] stolzer und tapferer Mann, nicht ertragen. Er faßte deshalb (Rel.) den Plan, Rom von diesem harten Feinde zu befreien. Er wandte sich an die Senatoren und bat, daß sie ihm erlaubten, in das Lager der Feinde zu gehen. Nachdem der Senat (ihm) dies (Rel.) erlaubt hatte (Perf.), eilte er unerkannt in das Lager des Porsenna. Unter seinem Gewande hatte er ein scharfes Schwert verborgen. Mitten im Lager sah er den König, auf dem königlichen Stuhle sitzend, und neben diesem den königlichen Schreiber, der den Soldaten den Lohn auszahlte. Aber Mucius kannte den König nicht und er war nicht sicher, welcher von beiden Porsenna sei (Imperf.); denn beide waren mit dem gleichen Gewand bekleidet. Mucius wagte auch nicht zu fragen, damit er sich nicht verriete. Alsdann zog er das Schwert aus seinem Gewande und erschlug fälschlich den Schreiber.

Porsenna erschrak aufs heftigste. Er befahl, daß Mucius sofort ergriffen und befragt und daß auf einer Schale Feuer herbeigebracht werde, durch welches er dem Gefangenen den Tod androhen wollte. Aber Mucius zögerte nicht. Er sagte freimütig, daß er den Tyrannen Porsenna habe töten wollen, nicht den Schreiber. »Wenn du mich aber«, sagte er, »töten wirst (Fut. ex.) werden hundert andere Römer bereit sein, dasselbe zu tun wie (= *ac*) ich. Ich fürchte den Tod nicht.« Um seinen Mut zu beweisen, hielt Mucius vor den Augen des Königs und dessen Soldaten seine rechte Hand mitten in die Flamme, keinen Schmerz zeigend.

Durch diese (Rel.) Tat und diese Worte jenes Römers wurde der erschaudernde Porsenna so sehr erschreckt und bewegt, daß er befahl, Mucius unbestraft sogleich freizulassen. Er schickte zusammen mit Mucius seine Gesandten nach Rom und schloß mit den Römern Frieden.

Die Römer haben den Mucius überaus geehrt, ihm den Beinamen Scaevola gegeben und ihm die vor der Stadt gelegenen Wiesen geschenkt, welche später die Mucischen genannt worden sind. Jener sehr berühmte Maler P. P. Rubens hat diese Sache in einem prächtigen (= großartigen) Bild festgehalten.

Nebensätze — Fragesätze

[26]
Konsekutivsätze mit *ut* und *ut non*

1. Der Knabe hat so geschrien, daß das ganze Haus zusammenlief.
2. Cicero war so beredsam, daß niemand ihn übertraf.
3. Wer ist so bescheiden, daß er sich nicht Besseres und Größeres wünschte?

4. Manchmal ereignet es sich, daß sogar ein Schwächerer einen Stärkeren besiegt.
5. Klitus hatte Alexander ohne Überlegung (= planlos) so sehr beleidigt, daß dieser von Zorn gereizt den Freund mit einer Lanze durchbohrte.
6. Es ist den Griechen nicht geglückt, Troja mit Waffengewalt zu erobern. So kam es, daß Odysseus zu der List des hölzernen Pferdes zu greifen gezwungen wurde.
7. Alle Menschen müssen sterben. Hieraus folgt, daß die Philosophen über das Leben nach dem Tode nachdenken und diskutieren.
8. Scipio besiegte die Karthager durch seine größere Kriegskunst. Hinzu kam noch, daß die törichten Karthager (= jene sehr törichten Karthager) ihren besten Feldherrn Hannibal in der höchsten Entscheidung im Stiche ließen.
9. Bei den Germanen war es Sitte, daß die Frauen und Kinder zusammen mit den Männern in den Krieg zogen.
10. Es ist möglich, daß du irrst.
11. Die Weisheit Gottes ist zu groß, als daß wir Sterbliche sie begreifen könnten.
12. Ich kann deiner Meinung (Akk.) unmöglich folgen.

[27]
Konsekutivsätze mit *quin*

1. Auch die Krankheit hindert mich nicht, meine Pflichten zu erfüllen.
2. Zweifellos haben schon viel früher Menschen gelebt, als uns (= unserem Gedächtnis) überliefert ist.
3. Wer von uns (Gen.) zweifelt daran, daß die Menschen auch die entferntesten Regionen des Weltraums (= *mundus*) erforschen werden?

4. Zweifle niemals, daß ich dir gern helfen werde, wenn du meiner Hilfe bedürfen solltest!
5. Hindere mich nicht, Hilfsbedürftigen zu helfen!
6. Ich kann nicht umhin, dich zu loben (= ich muß dich loben).
7. Der Feldherr konnte nicht umhin, seine eigene Hauptstadt anzuzünden, um dadurch den Feind aus dem Lande zu vertreiben. So geschah es, daß er sein Vaterland befreite.
8. Es fehlte nicht viel, daß Kyrus der König des Perserreichs wurde.
9. Sogar die Gefahr hinderte die Männer nicht, ihr Leben zu wagen (= *in discrimen dare*).

[28]
Finalsätze mit *ut* und *ne*

1. Caesar forderte mehrmals, daß ihm endlich das versprochene Getreide geliefert werde.
2. Ein Gesetz muß kurz sein, damit es um so leichter von den Bürgern behalten wird.
3. Wir ermahnen euch, aufmerksam zu sein.
4. Der Grieche Sinon riet den Trojanern, das hölzerne Pferd in die Stadt zu ziehen.
5. Ich rate dir, dem Wunsche deiner Freunde nicht zu willfahren.
6. Trachte danach, anderen kein Leid zuzufügen!
7. Ariovist [versuchte] die benachbarten Volksstämme (Dat.) zu überreden (Imperf.), ihm zu folgen.
8. Die Konsuln sollten darauf sehen, daß der Staat keinen Schaden nehme.
9. Hannibal nahm Gift, um nicht lebend in die Hände der Römer zu fallen.
10. Die Besiegten baten den siegreichen Feldherrn, daß er ihnen verzeihe.

11. Der Lehrer [sagte zu] den Schülern: »Ich sage euch dies, damit ihr die Tatsachen wißt und nicht Fehler begeht (= irrt)«.
12. Caesar ist rechtzeitig gewarnt worden, an den Iden des März in die Kurie zu gehen. [Aber] er hat dies (Rel.) nicht beachtet (= vernachlässigt).
13. Die Mutter des Coriolan bat den Sohn, Rom keinen Schaden zuzufügen.

[29]
timere, ne – periculum est, ne

1. Der unlautere Schüler fürchtet, daß sein Betrug entdeckt wird. Wir aber haben keinen Grund des Fürchtens.
2. Pausanias fürchtete, daß sein Verrat entdeckt werde.
3. Hüte dich, auch nicht einmal das geringste Unrecht zu tun.
4. Gestern fürchtete ich, daß du kommst. Heute fürchte ich, daß du nicht kommst.
5. Es bestand große Gefahr, daß die Trojaner die in dem Pferde eingeschlossenen Griechen entdeckten.
6. Besteht für dich (Dat.) die Gefahr, daß du das Ziel der Klasse nicht erreichst (= vollendest)?

[30]
Direkte Fragesätze (Interrogativsätze)

1. Wer hat das getan?
2. Warum willst (zwei Konstruktionen!) du das nicht tun?
3. Wem willst (zwei Konstruktionen!) du das geben?
4. Wann hat Homer gelebt?
5. Glaubst du, daß die Seele unsterblich ist?
6. Bist du mit deinen [eigenen] Leistungen (=*res factae*) zufrieden?

7. Ist es nicht notwendig, die Schule zu besuchen?
8. Willst du nicht ein Leben ohne Sorgen führen? [Dann] also arbeite zur rechten Zeit!
9. Können wir die Zukunft voraussehen?
10. Ist etwa der Erfolg unserer Arbeit dem Zufall unterworfen? Nein, wir müssen sorgfältig nachdenken und arbeiten.
11. Ziehst du die Güter des Geistes oder des Leibes vor?
12. Wer von beiden wird in diesem Wettstreit siegen, Quintus oder Claudius? Du oder ich?
13. Welches Bild gefällt dir mehr, dieses da oder jenes?
14. Wirst du endlich antworten oder nicht?
15. Wird dieser Friede langdauernd sein oder müssen wir einen neuen Krieg fürchten? (Zwei Konstruktionen!)
16. Hast du die Regeln (=*ordo*) dieser Sätze verstanden (= *animo comprehendere*)?
17. Hast du die Regeln dieser Sätze *nicht* verstanden?
18. Hast du die Regeln dieser Sätze *etwa* verstanden?
19. Aber (!): Wer krank ist, muß den Arzt aufsuchen.

[31]
Indirekte Fragesätze (Interrogativsätze)

1. Sagt mir, was ihr gestern getan habt!
2. Wir wissen nicht, wie die Welt (= Weltall) entstanden ist.
3. Caesar fragte die Kaufleute, was sie über Britannien wüßten.
4. Cicero wollte die Pläne Catilinas wissen. (Zwei Konstruktionen!)
5. Der Mann war so sehr bewegt, daß er nicht wußte, was er antworten sollte.
6. Die Alten wußten nicht, wie groß (= *amplus*) unsere Erde ist.

7. Niemand von uns weiß das Ende seines Lebens voraus. (Konstruiere als Fragesatz!)
8. Der Lehrer fragt, ob alle Schüler seine Ausführungen (= *explicatio*) verstanden haben. (Konstruiere wie bei den Sätzen 16—18 in Übung 30!)
9. Alexander begehrte zu wissen, ob er der Herrscher über ganz Asien (Gen.) sein werde.
10. Christus fragte Johannes, ob er ihn (!) liebe.
11. Ich möchte wissen, ob unsere Zeitgenossen das fernste Weltall erforschen werden.
12. Ich weiß nicht, ob ich über die Torheit (Akk.) jenes da lachen oder weinen soll.
13. Der Richter trug Bedenken, ob er den Worten des Zeugen glauben sollte oder nicht.
14. Der römische Gesandte fragte den Senat der Karthager, ob sie den Frieden oder Krieg wollten.
15. Vielleicht (!) hast du geirrt. Schwerlich wird dir dein Gegner deinen Irrtum zum zweitenmal verzeihen.
16. Pilatus wußte nicht, ob er Christus verurteilen solle. Zuletzt urteilte er falsch.
17. Ob ich dich morgen besuchen kann, ist noch ungewiß.

Das Partizip

[32]

Das attributive Partizip

1. Scipio beweinte das brennende Karthago.
2. Die Handwerker fertigten aus gefällten Bäumen Schiffe an.
3. Schüler, die gelobt wurden, arbeiten mit größerem Eifer.
4. Die Bürger rühmten die Taten ihres Feldherrn.
5. Die in die Flucht geschlagenen Feinde eilten in ihre Heimat.

6. In vergangenen Zeiten waren die Menschen nicht besser als heute.
7. Die Soldaten kämpften mit gezogenen Schwertern.
8. Es ist zwecklos, verlorenes Gut zu betrauern.

[33]
Das prädikative Partizip

1. Heute wollen (coniug. periphr. act.) wir fröhlich singen.
2. Die belagerten Städter wollten (coniug. periphr. act.) sich nicht freiwillig ergeben.
3. Hannibal wollte (coniug. periphr. act.) Rom erobern, aber es gelang ihm nicht.
4. Als die Truppen zum erstenmal die anrückenden Elefanten sahen, ergriffen sie die Flucht.
5. Der Dichter Homer läßt den Odysseus viele frohe, aber auch grausame Fabeln erzählen.
6. Wir hören gern die Vögel singen.

[34]
Das Participium coniunctum

1. Caesar begann den Kampf nicht, in der Meinung, daß der gegenüberliegende Berg von den Feinden besetzt sei.
2. Alexander gab sterbend seinen Ring dem Perdiccas.
3. Einem lügnerischen Menschen glauben wir nicht einmal, wenn er die Wahrheit sagt.
4. Die Soldaten, die kämpfen wollen (coniug. periphr. act.), preisen den Feldherrn.
5. Voll Bewunderung (Part.) betrachten wir noch heute die antiken Bauwerke.
6. Die Kinder sprangen voll Freude (Part.) in das kühle Wasser.

7. Aus Furcht (Part.) vor dem Vesuv flüchteten die erschreckten Einwohner aus der Stadt.
8. Die Frauen empfingen voll Freude (Part.) die aus dem Kriege heimkehrenden Männer.
9. Als Odysseus nach 20 Jahren in sein Haus zurückkehrte (Part.), erkannten ihn die Seinen nicht.
10. Als Hannibal von den Verrätern umzingelt war (Part.), nahm er Gift.
11. Wenn du einen hohen Berg besteigen willst (Part. Fut.), stehe früh auf!
12. Nachdem der Feldherr siegreich aus dem Kriege heimgekehrt war (Part.), wurde er zum Konsul gewählt.
13. Wenn wir verzeihen, wird auch uns verziehen werden.
14. Während Aeneas im Schiffe schlief (Part.), bedrohte ihn ein Unwetter.
15. Wenn dir die Mutter entgegengeht (Part.), schenke ihr Blumen!
16. Ein tüchtiger Arzt wird den Kranken, die Schmerzen leiden (Part.), gern beistehen.
17. Wer anderen hilft (Part.), dem wird geholfen werden.
18. Das von der Reise zurückgekehrte Mädchen hat geheiratet.
19. Hannibal greift ohne zu zögern (Part.) die nichts ahnenden Feinde an.
20. Wir werden dem Rat anderer Menschen nicht folgen, wenn wir deren Absichten (= Willen) nicht wissen (Part.).
21. Gott züchtigt bisweilen die Menschen, weil (Part.) er [sie] liebt.
22. Cicero [sagte] dem Catilina: Viele bewachen dich, ohne daß du [es] merkst (Part.).

[35]
Der Ablativus absolutus

1. Während die Kinder spielen, liest der Vater ein Buch.
2. Während die Männer in der Schlachtreihe kämpften, pflegten die Frauen die Verwundeten.
3. Bei Sonnenuntergang beginnen die Vögel zu schlafen.
4. Bei Frühlingsbeginn brachen die Truppen aus den Winterquartieren auf.
5. Nach dem Tode des Vaters übernahm der Sohn das Erbe (= *heredium*).
6. Zur Regierungszeit des Augustus wurde Christus geboren.
7. Obwohl die Mutter es verbot, spielten die Kinder mit dem Feuer (Abl.).
8. Nachdem Troja zerstört worden war, wanderte Aeneas mit den Seinen aus der Heimat aus.
9. Auf Veranlassung Hannibals wurde Sagunt belagert und zerstört.
10. Das Haus Hannibals wurde auf Veranlassung der Römer von Soldaten umstellt.
11. Nach Abbruch der Brücke konnten die Einwohner nicht mehr in die Stadt zurückkehren.
12. Nachdem der Sieg errungen war, herrschte Friede.
13. Unter dem Konsulat Ciceros wurde die Verschwörung Catilinas entdeckt. — Unter dem Konsulat des Publius Cornelius und Tiberius Sempronius . . .
14. Obwohl nur wenige Männer den Engpaß verteidigten, konnte die Vielzahl der Feinde nicht in das [Vater-] Land eindringen.
15. Bei heiterem Himmel donnert es nicht.
16. Gegen den Willen des Vaters (= der Eltern) hat die Tochter geheiratet. Daraus (Rel.) ist ein großer Streit entstanden.
17. Ich werde nichts gegen deinen Willen tun.

18. Nachdem der Richter den Angeklagten [an]gehört hatte, fällte er das Urteil.
19. Nachdem Cicero die Verschwörung des Catilina erfahren hatte, ging er gegen diesen scharf vor.
20. Nach dem Verlust des Kyrus kehrte das Heer der Griechen ohne Führer in die Heimat zurück.
21. Sokrates trank in Anwesenheit seiner Freunde das ihm dargereichte Gift.
22. Cassius entschied, daß die Festspiele in seiner Abwesenheit stattfinden sollten.

[36]

Sätze, in denen keine Partizipialkonstruktion möglich ist

1. Als die Mutter weggegangen war, verhielten sich (= *se gerere* mit Adv.) die Kinder still.
2. Nachdem die Gäste gut geschlafen hatten, erhoben sie sich fröhlich (= standen sie . . . auf).
3. Da die Bäume reichlich geblüht hatten, gab es im Herbst viel Obst.
4. Der Fluß, der aus den Ufern herausgetreten war (= *exire*), überschwemmte alle Äcker.
5. Die gestern angekommenen Schiffe sind mit neuen Waren beladen worden.
6. Cato berichtet in seinem ORIGINES betitelten Buche über das Leben und die Sitten seiner Zeit.

[37]

Vermischte Beispiele mit Participium coniunctum und Ablativus absolutus

1. Nachdem der Gesandte der Römer seine Rede beendet und den Karthagern Frieden und Krieg angeboten hatte, schrien die Senatoren leidenschaftlich, daß sie den Krieg annähmen.

2. Hannibal nahm, nachdem er einen Kundschafter ausgeschickt hatte, in der Überzeugung, daß es [für ihn] keine Flucht gebe, Gift.
3. Nachdem das Heer die Gefahr erkannt hatte, zog es sich zurück, weil es fürchtete, von den Feinden abgeschnitten zu werden.
4. Der Seher Laokoon rief aus: »Ich fürchte die Danaer, auch wenn sie Geschenke bringen.«
5. Hannibal, vom Senat zurückgerufen, verließ Italien, indem er traurig auf die Küste zurückblickte.
6. Die zum Tode Verurteilten pflegten im Römischen Circus auszurufen: Sei gegrüßt, Caesar (= *imperator*), die im Begriffe sind zu sterben, grüßen dich!
7. Singend durchwanderten die Mädchen den Wald, den sie so sehr liebten.
8. Als Ikarus gegen den Willen des Vaters allzu hoch flog, stürzte er vom hohen Himmel herab in das Meer und kam darin um.
9. Die Gesandten wurden gezwungen, unverrichteter Sache abzuziehen.
10. Die Einwohner nährten sich von den herabgefallenen (!) Früchten.
11. Obwohl Maharbal riet (Part.), Rom sofort anzugreifen, zögerte Hannibal und versäumte (= *praetermittere*) so die günstigste Gelegenheit seines Sieges.
12. Auch wenn du einmal einen Rückschlag erlitten hast (= zurückgetrieben wurdest), laß nicht den Mut sinken!
13. Nachdem schon mehrere Centurionen getötet und die Feldzeichen verloren waren (Part.), schritt Caesar selbst in die erste Schlachtreihe, indem er die Soldaten kräftig ermunterte.
14. Als Ödipus die Grenze seines Vaterlandes überschritten hatte, ereignete es sich durch Zufall, daß er seinen

Vater, der auf demselben Weg fuhr (Part.), nach entstandenem Streit erschlug.

15. Ein Hirte hatte den Knaben gefunden und von Mitleid bewegt in sein Haus getragen.
16. Nach errungenem Sieg kehrten die Truppen in die Hauptstadt zurück [und] wurden von allen freudig begrüßt.
17. Wer siegen will (coniug. periphr. act.) soll den Mut nicht sinken lassen auch bei wachsenden Schwierigkeiten!
18. Im Angesicht (Part.) der Frauen und Kinder hatten die tapferen Männer einen glänzenden Sieg errungen.

Zusammenfassende Übung

[38]

Die Witwe und der Landmann

Eine [gewisse] Frau, die soeben ihren Mann begraben hatte, besuchte täglich das Grab, um dort zu weinen. Ein Bauer, der in der Nähe den Acker bestellte, erblickte die betrübte Witwe. Sofort erfaßte ihn Mitleid mit der Frau, er setzte sich neben sie und weinte mit ihr. Als sie (rel. Satzanschluß!) ihn fragte, warum auch er so klage (Imperf.), antwortete jener: »Auch ich habe jemanden verloren, ein an Tugend ausgezeichnetes Weib. Wenn ich weine, erleichtere ich mein Herz. Da uns beide Gott durch dasselbe Leid heimgesucht hat, frage ich dich, ob wir nicht zusammenbleiben können. Ich werde dich lieben wie meine frühere Frau.«

Mit diesen Worten (rel. Satzanschluß!) konnte der Landmann die Witwe überzeugen, und jene stimmte zu.

Inzwischen aber war ein Dieb herzugekommen, der die Rinder ausspannte und fortführte. Als daher der Bauer auf seinen Acker zurückkehrte und die Zugtiere nicht mehr fand, erschrak er sehr. Da die Frau ihn so verzweifelt sah, fragte sie: »Weinst du etwa wieder?« — »So ist es«, sagte er, »jetzt weine ich wirklich.«

Der Akkusativ

[39]
Lateinisch transitiv gebrauchte Komposita

1. Odysseus, der Freunde und Feinde an Schlauheit übertraf, faßte einen so klugen Plan, daß der Trojanische Krieg beendet wurde.
2. Nach der Zerstörung Trojas fuhren die Sieger an unbekannten Küsten vorbei und betraten spät den Boden der Heimat.
3. Scipio redete die eingetretenen (!) Gäste mit folgenden Worte an ...
4. Rede einen mächtigen Herrn nicht an, wenn du nicht [dazu] aufgefordert wirst!
5. Die Athener wandten sich vergeblich an das Orakel. Sie waren in Zweifel, ob sie ein Bündnis eingehen sollten. Schließlich faßten sie einen Plan.
6. Der tapfere (= jener sehr tapfere) Mucius unterzog sich einer großen Gefahr.
7. Während der Consul die Provinz bereiste (Part.), fand er dort den Tod.
8. Hannibal ging mit dem König Antiochus ein Bündnis ein. O daß er es doch nicht eingegangen wäre!
9. Laßt uns Vergangenes übergehen und nur die gegenwärtige Lage (= Sache) berücksichtigen!
10. Der Anführer der Soldaten ging um die Stadt herum, um sie auszuforschen (= des Ausforschens wegen).

[40]
Verben, die im Lateinischen den Akkusativ verlangen

1. Wir können nicht allen Gefahren entgehen.
2. Euch fehlt (= mangelt) Klugheit.
3. Folge mir nach!
4. Sei deinen Freunden zu Willen, wenn sie dir guten Rat geben!
5. An gutem Willen komme ich dir zwar gleich, aber nicht an Fähigkeit (= Möglichkeit). Darum hilf mir, bitte!
6. Ich helfe Elenden gern. Den Elenden wurde geholfen.
7. Werde nicht mutlos, wenn du Schwierigkeiten siehst (Part.)!
8. Einige Städte waren von Griechenland abgefallen.
9. Kyrus rüstete sich zum Kriege gegen Artaxèrxes.
10. Kümmere dich nicht um fremde Angelegenheiten!
11. Es ist nicht immer erlaubt, sich für ein erlittenes Unrecht zu rächen. Aber es ist nötig, ein Unrecht zu bestrafen (= daß . . . bestraft werde).
12. Die Mauern Karthagos wurden dem Erdboden gleichgemacht.

[41]
Unpersönliche Verben — Verben der Gemütsstimmung

1. Es möge meinem Lehrer nicht entgehen, daß ich mir Mühe gebe.
2. Es ziemte sich nicht für die Athener, daß sie den weisen und rechtschaffenen Sokrates (= den sehr weisen und sehr rechtschaffenen Mann) zum Tode verurteilten.
3. Es ziemt sich für uns alle, Recht und Wahrheit zu verteidigen.
4. Ach du Armer! Wie sehr hat dich dein Vertrauen getäuscht! Aber deine rechtschaffene Gesinnung ziert dich.

5. Der fälschlich beschuldigte Mann beklagte sich heftig über das ihm zugefügte Unrecht.
6. Die Athener empfanden zu spät Schmerz über den Tod des Sokrates. Wir aber empfinden Bewunderung über die Rechtschaffenheit dieses großen Philosophen.
7. Der König Porsenna entsetzte sich vor dem Mut des Mucius, der seine rechte Hand opferte.
8. Manche Bürger lachten über die einfache Lebensweise des Diogenes.
9. Hoffe auf den Sieg! Dann wirst du ihn auch erlangen. Dem Mutigen allein (Gen.) gehört die Welt!
10. Wenn du über dein eigenes Unglück jammerst (Part.), denke auch an das Unglück vieler anderer Menschen!
11. Es freut uns noch heute, die Schönheit der alten Statuen und Denkmäler zu bewundern.
12. Es ziemt sich nicht für reiche Leute und Völker, über Elende zu spotten.

[42]
Akkusativ des inneren Objekts

1. Alle freut es, ein angenehmes Leben zu führen, und niemand denkt gern an den Tod.
2. Hannibal leistete einen Eid, stets ein Feind der Römer zu sein.
3. Bei Zama ist eine erbitterte Schlacht geschlagen worden.
4. Es war und ist noch heute die größte Ehre, bei den Olympischen Spielen gesiegt zu haben.
5. Bemüht euch darum (= seid darauf bedacht), stets das Rechte zu tun und das Wahre zu sagen!
6. Wenn (= *cum*) wir Gutes tun, laßt uns dessen nicht rühmen!
7. Cicero sagte zu Catilina: Du hast im Sinne, den Staat zu stürzen. Aber daran werde ich dich hindern.
8. Mein Freund hat mir eine merkwürdige Sache erzählt. Ich zweifle nicht daran, daß sie wahr ist.

[43]
Akkusativ der Raum- und Zeitangaben

1. Die Einwohner zogen um ihre Stadt eine 10 Fuß hohe Mauer und einen 5 Fuß breiten Graben.
2. Hannibal begleitete erst 9 Jahre alt das Heer des Vaters.
3. Odysseus hielt sich viele Jahre lang in fremden Ländern auf.
4. Bisweilen muß jemand eine lange Reihe von Jahren warten, bis ihm Gerechtigkeit geschieht (Konj.).
5. Wieviel Jahre unseres Lebens müssen wir lernen! Aber dann erfreut uns der Erfolg.
6. Seit mehreren Jahren wohne ich mit meinen Eltern in dieser Stadt, aber ich weiß nicht, wie viele Jahre noch (= außerdem).

[44]
Doppelter Akkusativ (der Person und der Sache)

1. Lehret die Kinder frühzeitig, die Ordnung und Zucht einzuhalten (= *servare*)!
2. Wer hat die ersten Menschen die Weisheit gelehrt? Wie ist die Weisheit in diese Welt gekommen?
3. Du kannst mir deine Notlage nicht lange verheimlichen.
4. Catilina wollte dem Senat [seine] Verschwörung verheimlichen, aber der Konsul Cicero hat sie aufgedeckt.
5. Den Einwohnern konnte die schwere Niederlage nicht lange verheimlicht werden.

[45]
Doppelter Akkusativ nach den Verben des Forderns, Bittens und Fragens

1. Die Räuber forderten von den Überfallenen nicht nur Geld, sondern auch alle Waren.

2. Fordere von deinen Gegnern nicht etwas Ungerechtes (Gen.)!
3. Wer von anderen Ungerechtes (Plur.) fordert, muß verbrecherisch genannt werden.
4. Der Konsul fragte die Senatoren um ihre Meinung.
5. Ich bitte dich um deine Hilfe. (Zwei Konstruktionen!)
6. Gestern hast du mir deine Hilfe versprochen. Heute bitte ich dich darum.
7. Der unkundige Wanderer fragte den Einwohner nach dem rechten Wege.

[46]
Akkusativ der Person und des Ortes

1. Darius, der seine Truppen über den Hellespont hinübergeführt hatte, wurde gezwungen, sich möglichst schnell zurückzuziehen.
2. Von den zahlreichen Germanen sind [immer] mehr Menschenmengen über den Rhein geführt worden.
3. Daher forderte Caesar: Führt nicht mehr Menschen über den Rhein!

[47]
Akkusativ bei den Verben: machen, ernennen, wählen zu, halten für ..., beurteilen

1. Das ganze Heer der Punier wählte den jungen Hannibal zum Führer.
   Übersetze denselben Satz passivisch!
2. Anfangs wählte das Volk den tüchtigen Mann nur als Anführer, dann aber hat es ihn zum Feldherrn (= Konsul) gemacht.
3. Wir nennen denjenigen glücklich, der frei von Sorgen (Abl.) ist.

4. Die Senatoren hielten den Catilina für einen Staatsfeind.
   Übersetze denselben Satz passivisch!
5. Wen hältst du für weise?
6. Die Alten hielten manche bedeutenden Männer für Söhne der Götter.
   Übersetze denselben Satz passivisch!
7. Halte nicht jeden [beliebigen] für einen Freund, der dir schmeichelt (Part.)!
8. Brutus und Cassius hielten Caesar für einen Feind des freien Staates. Deshalb haben sie ihn umgebracht.

[48]

Akkusativ bei den Verben: haben, sich zeigen, bewähren, benachrichtigen

1. Ich schätze mich glücklich, weil ich dich zum Freunde habe.
2. Der Anführer hat der Vorhut des Heeres erfahrene Männer als Begleiter gegeben, damit das Heer nicht vom rechten Wege (Abl.) abirre (Imperf.).
3. Hannibal hat sich in jeder Lage (= *res*) als der Tüchtigste erwiesen.
4. Du hast dich als [mein] zuverlässiger Freund bewährt.
5. Benachrichtige mich bitte rechtzeitig von deinen Plänen!
6. Cicero, von der Verschwörung Catilinas benachrichtigt, ließ sofort alle seine Worte und Taten überwachen. So hat er verhindert, daß Catilina den Staat zugrunde richtete.
7. Warum hast du deine Eltern noch nicht von meiner Ankunft benachrichtigt?
8. Die Einwohner sind zu spät von der Ankunft des feindlichen Heeres benachrichtigt worden.
9. Die Arria verheimlichte dem Paetus den Tod des

Sohnes. Sie sorgte dafür, daß jener nicht zu frühzeitig benachrichtigt wurde.

10. Der Senat befahl, daß alle Männer und Frauen der Hauptstadt sofort benachrichtigt werden. Auch alle Landstädte (= *municipium*) wurden benachrichtigt.
11. Dem Hannibal, von der Ankunft der Römer benachrichtigt, war das Gift die letzte Rettung, um nicht in die Hände der Feinde zu fallen.

[49]
Akkusativ der Richtung

1. Caesar kehrte nach Rom zurück. Alcibiades kehrte nach Athen zurück, Hannibal nach Karthago.
2. Der Vater kehrte nach vielen Jahren in sein Haus zurück.
3. Wir werden nach Korinth in Griechenland reisen.
4. Es war Sitte, daß die vornehmen Römer nach Athen, der gefeiertsten Stadt Griechenlands, kamen.
5. Die römische Flotte fuhr nach Britannien.
6. Heute eile ich schnell nach Hause, weil die Mutter mich erwartet.
7. Im Sommer wandern wir gern aufs Land.
8. Wir lieben die Heimat, aber wir reisen auch gern nach Spanien, Kreta oder Ägypten oder in berühmte Städte wie nach Athen in Griechenland, Alexandria in Ägypten, Neapel in Italien.
9. Im Frühling sind wir in die Gegenden des Südens (= nach Süden blickend) gefahren. Wir kamen nach Delphi, Troja, ja sogar nach Babylon.

Der Dativ

[50]

Das Dativobjekt

1. Der Staat erlegt uns Aufgaben auf.
2. Wir müssen dem Gegner verzeihen. (Zwei Konstruktionen!)
3. Die Römer haben Hannibal Gesandte geschickt.
4. Glaube mir!
5. Kluge Menschen raten uns gut.
6. Sage nicht allen alles!
7. Dein Rat hat mir und meinem Bruder viel genützt.
8. Diese Speise wird dir schaden.
9. Die Kinder näherten sich dem Walde.
10. Der Senat beschloß, eine Versammlung einzuberufen.
11. Es gelang den Flüchtenden, unerkannt zu entkommen.
12. Deine Worte gefielen dem Lehrer nicht.
13. Was dem Jupiter erlaubt ist, ist dem Ochsen nicht erlaubt.
14. Mich traf (= *accidit*) gestern ein großes Unglück. Daß es mir doch nie wieder begegne!
15. Sage mir, was du beschlossen hast (= *placere*)!
16. Der Angeklagte hat dem Richter auf seine Frage (Part.) nicht geantwortet.
17. Es ist töricht, mit einem Stärkeren Krieg anzufangen.
18. Der siegreiche Feldherr verteilte die Beute unter die Soldaten.

[51]

Deutsche transitive Verben, die im Lateinischen mit dem Dativ verbunden werden

1. Laßt uns eifrig die Wissenschaften betreiben!
2. Schmähe nicht jemand Unschuldigen!

3. Das Gesetz bestraft denjenigen, der andere schmäht (Part.).
4. Meine Schwester wird meinen Freund heiraten (auch Perf.).
5. Lieber Arzt, heile meine Krankheit!
6. Schmälere nicht wohlverdiente Männer um ihren Ruhm!
7. Viele Kriege sind entstanden, weil das eine Volk das andere beneidete.
8. Beneide deinen Nachbarn nicht um sein Glück und seinen Reichtum! Das Glück kann sich nämlich wandeln (Pass.).
9. Es kommt vor, daß eine Frau um ihre Schönheit beneidet wird.
10. Du hast mich durch deine Rede überzeugt. Deshalb werde ich dir folgen.
11. Die Athener waren fälschlich überzeugt, daß Sokrates Unrecht getan habe.
12. Sei überzeugt! Seid überzeugt! Wir sind überzeugt.
13. Wer seinen Reichtum allzu sehr spart, wird mit Recht geizig genannt.
14. Der Tod verschont niemand.
15. Wenn du um die Entscheidung kämpfst (Part.), spare deine Kräfte nicht!

[52]
Verba composita, transitiv und intransitiv, mit Dativ

1. Brutus und Cassius haben Caesar Gewalt angetan.
2. Bei den Römern leitete der Konsul die Bürgerschaft.
3. Sehr wenige haben den Untergang Trojas überlebt.
4. Der Konsul sagte: »Wer mir nachfolgt, möge das Amt besser verwalten als ich!«
5. Das Lob des Lehrers hat mir Hoffnung eingeflößt.
6. Der Prokonsul hatte an der Schlacht nicht teilgenommen.

7. Claudius übertrifft uns alle an Fleiß.
8. Anfangs übertrafen die Griechen die Römer in allen Arten der Kunst.
9. Die Menschen alter Zeiten flehten die Götter an.
10. In einem rechten Staat sind wir überzeugt, daß uns niemand Gewalt antut.
11. Odysseus übertraf seine Zeitgenossen an List, Cicero an Beredsamkeit. Wodurch (= durch welche Sache) übertrifftst *du* deine Freunde?
12. Leiste das Beste! Dann wirst du beneidet werden.
13. Der Vater hat mir ein Buch geschenkt. (Zwei Konstruktionen!)

[53]
Verben mit Bedeutungswechsel: Bedeutung beim Akkusativ

1. Hüte dich vor Schlangen!
2. Hütet euch vor allzu großem Reichtum; denn er bereitet Gefahren.
3. Wer sich vor Gefahren nicht hütet, kann [in] ihnen untergehen.
4. Wer einen Staat lenkt, muß die Zukunft voraussehen.
5. Die Griechen fragten das Delphische Orakel um Rat. — Wen fragst *du* um Rat?
6. Wir fürchten uns vor Feinden, aber wir hüten uns auch vor falschen Freunden; denn auch solche gibt es.
7. Die Römer besaßen die Kunst, den Staat gut zu lenken (Gerundium).
8. Das Gesetz geht gegen diejenigen scharf vor, die dem allgemeinen Wohl schaden.

[54]
Verben mit Bedeutungswechsel: Bedeutung beim Dativ

1. Gewissenhafte Eltern sorgen für ihre Kinder.
2. Laßt uns in der Jugend für das Greisenalter sorgen!
3. Arria war in Sorge für ihren kranken Ehemann; deshalb schwieg sie.
4. Wer seine Begierden nicht zügelt, ist ihr (!) Knecht.
5. Es schickt sich für edle Menschen nicht, Unsauberes (Plur.) zu sagen.
6. Wir tadeln einen Mann, der nur für sich selbst sorgt (nimm alle passenden Verben!).
7. Alexander erkannte zu spät, daß er seinen Zorn nicht gezügelt hatte, als er Clitus tötete.

[55]
Dativus commodi

1. Wir suchen das Glück zu erreichen nicht nur für uns selbst, sondern auch für die Unsrigen.
2. Leonidas und seine Soldaten haben sich für das Wohl Griechenlands geopfert.
3. Die Zunge ist dem Menschen eine gefährliche Feindin.

[56]
Dativus possessivus

1. Die ersten Christen bekräftigten untereinander: Was (Plur.) mir gehört, soll auch deines sein!
2. Wer vieles hat, soll denen geben, die nichts haben (Part.)!
3. Bei den Galliern hatte der höchste Beamte Gewalt über Leben und Tod (Gen.).
4. [Leute], die viel haben, können viel verlieren.

[57]
Dativ beim Gerundiv

1. Wir alle müssen arbeiten.
2. Schüler müssen lernen.
3. Man muß den Gesetzen gehorchen.
4. Cicero mußte gegen Catilina vorgehen.
5. Benachrichtige mich, wann ich abreisen muß!
6. Ich glaube, daß ich dir antworten muß.
7. Über diese Sache müssen wir disputieren.
8. Jetzt muß getrunken werden! sagt der Dichter Horaz.

[58]
Dativus finalis, sogenannter doppelter Dativ

1. Caesar sagte den Gesandten, daß ihm das Wohlergehen jenes Volkes sehr am Herzen liege.
2. Der Fleiß gereichte dem Schüler zum großen Lobe.
3. Die Einwohner errichteten einen hohen Wall, der ihnen zum Schutze dienen sollte (Konj.).
4. Deine Hilfe wird mir sehr nützlich sein.
5. Die Römer rechneten es dem Cato zum Ruhme an, daß er äußerst sparsam und streng [in] den Sitten war.
6. Hannibal machte es mit Recht dem König Prusias zum Vorwurf, daß dieser ihn an die Römer (Dat.) verraten hatte.
7. Die Helvetier legten Caesar die Verzögerung fälschlich als Feigheit aus.
8. Die Nachbarn kamen dem notleidenden Bauern zu Hilfe.
9. Zum Schutze der bedrohten Stadt ließ der Feldherr 2 Kohorten zurück.
10. Nach der geschlagenen Schlacht [ließ] der Legat zum Rückzug blasen.
11. Beide Feldherrn bestimmten einen Tag für die Unterredung.

12. Hannibal wurde von den Römern erbittert gehaßt.
13. Jener reiche Mann ist zu Unrecht von den anderen beneidet worden.
14. Dein Wissen wird von uns bewundert.

[59]
Dativ bei Adjektiven

1. Viele Kräuter sind uns nützlich und heilsam.
2. Sage mir, mit wem du befreundet und mit wem du verfeindet bist!
3. Die Freunde Alexanders fürchteten, daß das Heilmittel des Arztes Philippus dem Könige schädlich, ja sogar verderblich und todbringend sein werde.
4. Dieser von dir gegebene Rat ist für uns nicht geeignet.
5. Du hast das Lernen nötig!
6. Deine Ansicht ist von der meinigen verschieden, aber im Charakter sind wir uns gleich.
7. Manche Stämme der Gallier wohnten nahe am Ozean, manche nahe am Rhein.
8. Laßt uns übereinstimmend (= *convenienter*, Adv. mit Dat.) mit der Natur leben!

[60]
Gemischte Beispielsätze für Akkusativ und Dativ

1. Catilina sagte zu seinen Verschworenen, sie sollten ihm treu beistehen und nicht (=*neve*) den Mut sinken lassen *(ut!)*.
2. Der gereizte Elefant rächte sich an dem Übeltäter (= *homo maleficus*) für die Verwundung.
3. Manchen gefällt es nicht zu lernen, aber später sehen sie ein, daß diese Mühe für sie nützlich gewesen ist.
4. Wer auf Ruhm und Erfolg hofft, möge darauf sehen, daß er seinen Eifer mäßigt.

5. Cicero bewarb sich um das Konsulat. Seine Reden wurden für die bedeutendsten gehalten. Aber er kam schimpflich ums Leben.
6. Cicero hat einstmals im Senat die Worte ausgerufen: Was für Zeiten! Was für Sitten!
7. Die Griechen Asiens wollten nicht in Knechtschaft leben. Deshalb griffen sie zu den Waffen.
8. Erst bei Sonnenuntergang wurden die Einwohner Roms von der schweren Niederlage benachrichtigt.
9. Nicht immer wird von anderen für klug gehalten, wer sich für klug hält.
10. Alle Völker sehnen sich nach Freiheit; aber um die Freiheit müssen wir kämpfen!
11. Du wirst über 2 Menschen richtig urteilen, wenn (= *cum*) du die Taten des einen mit denen des anderen vergleichst.
12. Es ziemt sich für Männer, die den Staat lenken, daß sie sauber und auf das allgemeine Wohl bedacht sind.

Der Genetiv

[61]

Genetivus partitivus

1. Auf dem Forum stand eine Menge Leute, die den Konsul erwarteten.
2. Es schadet nicht, ein wenig Wein zu trinken, aber zuviel Wein bringt Gefahr.
3. Der siegreiche Feldherr brachte beträchtliches Geld nach Rom.
4. Wie kann es geschehen, daß soviel Geist so elend zugrunde geht!
5. Caesar ließ in der eroberten Stadt genug Schutz zurück.
6. Wer von euch hat etwas Geld bei sich?

7. Ich habe nichts von diesem Gewinn erhalten.
8. Niemand von allen Sterblichen weiß irgend etwas über das Leben nach dem Tode.
9. Claudius ist bei weitem der klügste Schüler von allen. Aber ist er auch der beste von allen?
10. Die Gesandten fast aller Völkerschaften kamen nach Rom.
11. [Nur] wenige von (!) den Senatoren wußten etwas Sicheres über die Verschwörung.
12. Wo in aller Welt gab es soviel Luxus wie in Rom?
13. Der Tyrann verstieg sich so weit in seiner Grausamkeit, daß er den Gefangenen ans Kreuz schlug.
14. Mögest du so weit in deiner Rechtschaffenheit gehen, daß dich auch deine Feinde loben.
15. Der Perserkönig sandte 2000 Schiffe nach Griechenland. Hannibal führte etwa 50 000 Fußsoldaten und 10 000 Reiter nach Italien.

[62]
Genetivus possessivus

1. Dieses Haus dort ist das meines Großvaters, dem noch weitere [Häuser] gehören.
2. Nach vielen Jahren wurde Troja Eigentum (= Beute) der Griechen.
3. Es war Pflicht (= Sache, Aufgabe) der Auguren, den Willen der Götter zu erkunden.
4. Es ist Zeichen eines klugen Menschen, Fehler einzusehen und zu verbessern.
5. Wir sagen mit Recht, daß es ein Zeichen treuer Bürger ist, den Gesetzen freiwillig zu gehorchen.
6. Gestern habe ich einen Freund von dir gesehen.
7. Der Lehrer fragte: Wem gehört dieses Buch?
8. Es ist unsere Aufgabe, Recht und Wahrheit jederzeit zu verteidigen.

9. Der Vater bestritt (= leugnete), daß es seine Pflicht sei, die Schulden des Sohnes zu bezahlen.
10. Jener junge Mann ist durch seine eigene Schuld umgekommen, weil er unachtsam gewesen war.
11. Viele Völkerschaften haben zu Unrecht mit ihren Nachbarn Kriege angefangen und sind durch ihre eigene Schuld untergegangen.
12. Dem Griechen Aristides ist der Beiname der Gerechte gegeben worden, dennoch ist er verbannt worden.
13. Tacitus überliefert, daß es Gewohnheit der Germanen war, die vornehmen Toten zu verbrennen.

[63]
Genetivus subiectivus und obiectivus

1. Die Liebe der Eltern zu den Kindern ist oftmals größer als die Liebe der Kinder zu den Eltern.
2. Noch heute bewundern wir die Tapferkeit des griechischen Königs Leonidas.
3. Die Treue der Ehegatten ist ein sicheres Unterpfand (= *pignus, -oris* Neutr.) einer glücklichen Familie.
4. Wir sollen (= müssen) Gutes tun nicht in der Hoffnung auf Belohnung, sondern aus Pflicht[gefühl].
5. Die Furcht vor dem Tode ist unnütz, da wir diesem [doch] nicht entgehen können.
6. Hannibal war von Haß gegen die Römer erfüllt.
7. Der Tempel des Jupiter Maximus wurde der Ehre halber geschmückt.
8. Wir sollen den Staat lieben nicht um unser selbst willen, sondern um des gemeinsamen Wohles willen.
9. Ich bitte dich, dies mir zuliebe zu tun, nicht der Familie wegen. Denn auch ich habe dir geholfen, aus Liebe zu dir veranlaßt.
10. Laßt uns Gott zuliebe Gutes tun!

[64]
Genetivus qualitatis

1. Der Dichter Ovid war ein Mann aus dem Ritterstand.
2. Wie alt bist du? — Ich bin ein Knabe (Mädchen) von 13 Jahren.
3. Nicht jedes Lob oder Tadel (= *vituperatio*) ist von großer Wichtigkeit.
4. In alten Zeiten wurden Gegner oft durch Gift umgebracht (= beseitigt). Ein derartiger Tod war nicht selten.
5. Obgleich Alexander leicht in Zorn geriet (= entflammt wurde), war er doch ein Mann von großem Geist.
6. Die Germanen waren von außerordentlicher Standhaftigkeit und Tapferkeit. Die Punier dagegen waren von ungewöhnlicher Treulosigkeit.

[65]
Genetiv bei Adjektiven und Partizipien

1. Wer allzu sehr nach Ruhm begierig ist, kann leicht stürzen.
2. Die Freunde Catilinas waren Mitwisser aller Pläne.
3. Sokrates war sich keiner Schuld bewußt; deshalb starb er leichten Herzens.
4. Die stolze Römerin zeigte voll Freude ihre Söhne.
5. Wer der Wohltaten anderer nicht eingedenk ist, ist nicht würdig, daß (= *dignus, qui* mit Konjunktiv) er geliebt wird.
6. Dem vaterlandsliebenden Bürger gewährt die gerechte Bürgerschaft Schutz und Ehre.
7. Wer arbeitsscheu ist (Part.), darf Lohn und Erfolg nicht erwarten.
8. Schon viele allzu ruhmbegierige Männer und Frauen sind ohne Ruhm untergegangen.
9. Luxus und schlechte Sitten waren dem untergehenden Rom eigentümlich.

10. Der Vater [sagte] dem Sohne: Im Aussehen (Abl.) bist du mir ähnlich, aber nicht im Charakter. Darauf die Mutter: O daß du uns doch an Fleiß und Tüchtigkeit ähnlich wärest (Präs.)!
11. Dieser berühmte Tempel war dem Apollo geweiht, jener der Juno.

[66]
Genetiv bei Verben
meminisse, oblivisci, mentionem facere

1. Wenn du an Jahren älter sein wirst, erinnere dich gern an unsere Freundschaft!
2. Odysseus hatte auch auf seinen Irrfahrten die Heimat Ithaka niemals vergessen und sich seiner Frau und des Sohnes erinnert.
3. Ich erlaube dir, daß du meine Wohltaten vergißt, aber vergiß bitte nicht mich selbst!
4. Erinnert euch der bisher gelehrten Regeln der lateinischen Sprache!
5. Liscus erwähnte in seiner Unterredung mit Caesar sowohl die guten als auch die schlechten Taten des Dumnorix.
6. Wenn du vor deinem Richter sprichst, ist es ein Zeichen von Mut, deine entgegengesetzte Meinung zu erwähnen; aber sage diese vorsichtig!

[67]
Genetiv bei unpersönlichen Ausdrücken (Impersonalia)
piget, pudet ...

1. Claudius lernt jetzt fleißig, weil er sich seiner Faulheit schämt.

2. Manche [Leute] nehmen sich das Leben, weil sie des Lebens überdrüssig sind. Aber diese Meinung ist falsch und töricht. Jene sollen lieber arbeiten!
3. Die Athener bereuten den frühzeitigen Tod des Sokrates.
4. Bereue nicht deine mir geleistete Hilfe! Ich werde mich dir dankbar erweisen.
5. Wir sagen zwar: Herr, erbarme dich unser! — Aber auch du erbarme dich der vielen Elenden in aller Welt!
6. Wenn dich diese Arbeit verdrießt, ergreife eine andere! Aber tue etwas Nützliches!

[68]
Genetiv bei Verben des Gerichtsverfahrens (Genetivus criminis)

1. Pausanias wurde von den Ephoren des Verrates überführt.
2. Bezichtige niemanden eines Unrechts, wenn du dieses nicht beweisen kannst!
3. Zur Zeit des Kaisers Trajan wurden viele Christen wegen Hoheitsverletzung vor Gericht gefordert. Aber viele sind auch von der Todesstrafe freigesprochen worden, wie Plinius erzählt (= überliefert).
4. Catilina war wegen Erpressung verurteilt worden; auch Verres war desselben Frevels beschuldigt worden.

[69]
Genetivus pretii

1. Jene Ware ist nicht viel wert; deshalb wird sie billig verkauft.
2. Dieses Buch kostet weniger als jenes.
3. Ich glaube, dein Vater hat euer Haus äußerst billig gekauft. Jetzt will er es teuer verkaufen.

4. Es ist für mich von Wichtigkeit, ob du mich hoch oder niedrig einschätzt.
5. Es ist nicht der Mühe wert, diese geringe Arbeit anzufangen.
6. Hannibal hielt es nicht der Mühe wert, die römischen Gesandten zu empfangen.

[70]

Genetiv bei *interest* und *refert*

1. Für jeden Staat ist es von Wichtigkeit, daß seine Einwohner zufrieden sind.
2. Es lag dem Konsul Cicero sehr daran, möglichst viel über die Verschwörung des Catilina zu erfahren.
3. Das Urteil meines Lehrers ist für mich äußerst wichtig. Ich fürchte, daß er meine Leistung geringschätzt.
4. Den einen, wie zum Beispiel Cato, lag es daran, daß Karthago zerstört werde, den anderen lag mehr daran, daß Karthago erhalten bliebe (= gerettet werde).
5. Unsere Gelehrten sagen mit Recht, daß es für die richtige Gestaltung des menschlichen Lebens von großer Wichtigkeit sei, das Weltall zu erforschen.

Der Ablativ

[71]

Ablativ der Trennung (Ablativus separativus) und der Herkunft (Ablativus originis)

1. Caesar brach von Rom auf, um nach Gallien zu gegelangen.
2. Hannibal setzte sein Heer aus Sizilien nach Afrika über.
3. Aus der Stadt Gergovia kam die Kunde, daß das Heer der Feinde heranrückte.

4. Es kamen aus Karthago Gesandte nach Rom, die um Frieden bitten sollten.
5. Pompeius wollte aus Dyrrhachium abziehen.
6. [Schon] manche Männer aus niederer Herkunft haben die höchsten Ämter bekleidet, weil sie tüchtig waren.
7. Jener Römer war von vornehmer Abstammung. — Themistocles stammte von einer Acarnanischen (= *Acarnanus*) Bürgerin ab.
8. Alexander sagte: »Daß doch die Menschen glaubten, daß ich von den Göttern abstamme!«
9. Laßt uns dankbar sein, wenn wir von ehrbaren und glücklichen Eltern abstammen!

[72]
Ablativ der Trennung bei bestimmten Verben

a) der bloße Ablativ

1. Wir bedauern diejenigen Kinder, die ihre Eltern entbehren.
2. Im Altertum (= in alten Zeiten) war es Sitte, den besiegten Feind der Waffen zu berauben.
3. Wenn ich deines Rates bedarf, werde ich dich um Rat fragen.
4. Eile zum Arzt! Dann wirst du von Schmerzen frei sein.
5. Wann endlich werde ich von meinen Gegnern befreit (= frei) sein!

b) bloßer Ablativ oder Präposition möglich

1. Enthaltet euch des Unrechts, damit ihr frei von Schuld seid!
2. Wer (Part.) aus dem Vaterland vertrieben ist, sehnt sich nach der Heimat.

c) Präposition muß gesetzt werden

1. Der treulose Gyges entfremdete die leichtfertige Königin ihrem Gatten.

2. Der Mensch unterscheidet sich vom Tier durch Verstand und Sprache.
3. Trennt euch rechtzeitig von unredlichen Menschen! Es ist besser, allein (Akk.) zu sein als in schlechter Gesellschaft.
4. Die Feinde versuchten das römische Heer von der Zufuhr abzuschneiden.
5. Der Diener schauderte vor der Ermordung des edlen Marius (= jenes sehr edlen Marius) zurück.

[73]
Der Ablativ des Vergleichs (Ablativus comparationis)

1. Die alten Germanen liebten nichts mehr als Pferde, Waffen und die Jagd.
2. Cicero sagte: »Es gibt nichts Angenehmeres als ein geistreiches (= *facetus, -a, -um*) Gespräch.«
3. Eisen ist nützlicher als Gold.
4. Deine Worte sollen sonnenklar sein!
5. Caesar kam wider Erwarten schnell in Gallien an.
6. Jener gelehrte Mann weiß ungewöhnlich viel.

[74]
Das Relativpronomen im Ablativ des Vergleichs

1. Gestern habe ich das schnellste Pferd gesehen, das es gibt.
2. Claudius glaubt, daß er der klügste Schüler sei, den es auf unserer Schule gibt. Aber er irrt.
3. Die kostbarsten Bücher, die es im Altertum gegeben hatte, sind durch den Brand der Bibliothek von Alexandria (= alexandrinisch) vernichtet worden.
4. Dies war die klügste Antwort, die ich jemals von dir gehört habe.

[75]
Ablativ der Begleitung (Ablativus comitativus), der Art und Weise (Ablativus modi)

1. Xerxes ist mit Heeren und Schiffen gegen Europa aufgebrochen.
2. Die Helvetier haben mit all ihrem Hab und Gut (= Sachen) ihr Heimatland verlassen.
3. Der junge Mann hat sein Examen mit höchstem Lob bestanden.
4. Mein Großvater wünscht, sein Alter friedlich zu verbringen.
5. Hannibal hat unter dem Anschein der Hilfe den unnützen Teil seiner Soldaten in die Städte des Bruttierlandes (= *ager Bruttius*) entlassen.
6. Mit Recht — mit List — zufällig — zu Unrecht.
7. Der Feldherr der Punier ist nicht freiwillig nach Afrika zurückgekehrt.
8. Viele Männer und Frauen aller Völker haben ihr Leben freiwillig dem Staate geopfert. — Würdest du es freiwillig tun?
9. Die Mutter tröstete ihren Sohn unter vielen Tränen.
10. Das hölzerne Pferd ist unter großem Geschrei in die Stadt [hinein]gezogen worden.

[76]
Ablativ des Mittels (Ablativus instrumenti)

1. Was wir nicht mit guten Worten erreichen können, müssen wir manchmal mit Gewalt durchsetzen.
2. Caesar behandelte seine Gegner mit Großmut.
3. Die müden Wanderer wurden von Hunger und Durst gequält.
4. Hannibal hat in der Schlacht mit Hilfe der Elefanten gesiegt. Aber dieser bedeutende Feldherr ist durch elenden Verrat untergegangen.

5. Pausanias sandte seine Briefe durch zuverlässige Boten nach Asien.
6. Caesar ist durch Kundschafter benachrichtigt worden. Derselbe Mann ist schließlich von Brutus und Cassius ermordet worden.
7. Die Germanen lebten, wie Tacitus überliefert, von Fleisch und Milch.
8. Es macht Freude zu reiten oder zu Schiff zu fahren, besonders in den Ferien.
9. Die zum Tode Verurteilten wurden gezwungen, das wilde Tier zum Kampfe zu reizen.
10. Manche suchen das Heil in der Flucht, aber sie finden [es] nicht durch Flucht.
11. Gewöhne dich rechtzeitig an ständige Arbeit!
12. Sei mit dem Deinigen (= deinen Sachen) zufrieden!

[77]
Ablativ nach bestimmten Verben und Adjektiven

1. Caesar besetzte die Schiffe mit seinen Soldaten; dann fuhr er gegen Britannien.
2. Der Gastfreund hat die Gäste reichlich mit Speise und Trank erfreut.
3. Bereite den Deinen keinen Schmerz!
4. Als Archimedes mit seinen Figuren beschäftigt war, wurde er unerwartet von einem römischen Soldaten erschlagen.
5. Erweise dich meines Vertrauens würdig!
6. Es genügt nicht, mit großem Wissen versehen (= begabt) zu sein. Wir müssen es auch gebrauchen!
7. Dieses Wort ist deiner nicht würdig gewesen.
8. Wir schätzen ein Land hoch, das (Part.) an Schätzen aller Art Überfluß hat und mit wertvollen Vorräten angefüllt ist.

[78]
Ablativ bei den Deponentia *uti, frui, fungi, vesci, potiri* und bei *opus est*

1. Verwaltet eure Ämter rechtschaffen, Beamte!
2. Wer sein Alter in Frieden genießen will, soll in der Jugend arbeiten!
3. Mißbraucht nicht die Güte und Geduld eurer Freunde! Denn diese können von ihrer Großmut ablassen, wenn sie sehen, daß euch der gute Wille fehlt.
4. Nutze die Zeit! Nutze jede Gelegenheit zum Lernen (Gen. des Gerundiums)!
5. Verlasse (= stütze) dich nur auf sichere Freunde!
6. Der siegreiche Feldherr bemächtigte sich der ganzen feindlichen Staatskasse.
7. Meine Eltern möchten freundschaftlich mit deinen [Eltern] verkehren.
8. Jene Schüler da haben das Lernen (Gerundium) äußerst nötig.
9. Sage mir, was du nötig hast! Ich glaube, du hast vieles nötig.

[79]
Ablativ der Ursache (Ablativus causae)

1. Cicero [sagt]: Nach meiner Meinung sind die Griechen nicht besser gewesen als die Römer.
2. Das Rom der späteren Zeit litt an Luxus wie an einer Krankheit und ist daran zugrunde gegangen.
3. Viele Völker sind zugrunde gegangen, weil sie von Kriegen erschöpft waren.
4. Die Brücke wurde auf Befehl Caesars abgebrochen.
5. Alexander hat Clitus im Zorn getötet.
6. Manche begehen ein Verbrechen aus Begierde nach Geld.
7. Ein träger Schüler lernt wenig in der Hoffnung (= Vertrauen) auf seine helfenden Freunde.

8. Der Sieger hatte aus Mitleid befohlen, daß die Besiegten nicht mehr geplündert und gequält werden.
9. Rühmet euch nicht allzu vorzeitig des Erfolges!

[80]
Ablativ der Beziehung (Ablativus limitationis) und des Unterschiedes (Ablativus mensurae)

1. Die Griechen übertrafen die Römer vor allem in den Künsten. Dagegen ragten die Römer in den Einrichtungen und Gesetzen des Staates hervor.
2. Ich beurteile die Menschen nicht nach ihrem Aussehen, sondern nach ihren Taten.
3. Wir helfen den Älteren, wenn sie durch Alter oder Krankheit schwächer werden.
4. Ein Mann mit Namen Ephialtes hatte seine Heimat schimpflich verraten.
5. Manche guten und [auch] schlechten Taten werden erst viele Jahre danach erkannt.
6. Um vieles besser — beträchtlich geringer — ein wenig früher.

[81]
Ablativ als Lokativ

1. Hannibal stellte sein Heer an einem für ihn (!) günstigen Ort auf.
2. Die Perser waren den Griechen an Zahl zu Wasser und zu Land weit überlegen, aber sie konnten sie dennoch nicht besiegen.
3. Der römische Senat hielt [seine] Beratungen in Rom, jener der Karthager in Karthago ab.
4. Im nächsten Jahre werde ich mit meinen Eltern vielleicht in Athen verweilen.

5. *Ich* an deiner Stelle würde mich den Künsten widmen, wenn ich die Schule beendet hätte.
6. In der ganzen Stadt herrschte große Bewegung.

[82]
Ablativ der Zeit (Ablativus temporis)

1. In alten Zeiten wurde nachts und im Winter nicht gekämpft, um so mehr aber bei Tage, besonders im Frühjahr und im Sommer.
2. Landleute beginnen ihre Arbeit bei Sonnenaufgang und beenden sie bei Sonnenuntergang.
3. Was wir in der frühen Kindheit gesehen haben, dessen (= daran) erinnern wir uns noch im hohen Alter.
4. Zur Zeit (Plur.) unserer Vorfahren waren andere Sitten.
5. Es gibt Leute, die anfangs die fleißigsten sind (Konj.), dann aber ihre Pflichten vernachlässigen (Konj.).

Ortsbestimmungen im Akkusativ und Ablativ

[83]
Akkusativ bei: *ankommen, versammeln, melden*
deutsch = wo? lateinisch = wohin?

1. Die Ersten der Volksstämme kamen in der Hauptstadt zusammen.
2. Die Heere der Germanen verbargen sich heimlich in den dichten Wäldern, um die Römer unversehens zu überfallen.
3. Die Flotte landete in Britannien.
4. Die Hausfrauen liefen erschreckt auf dem Marktplatz zusammen.

[84]

Ablativ bei: ***setzen, stellen, legen***
deutsch = wohin? lateinisch = wo?

1. Leonidas und die Seinen setzten ihre Hoffnung nicht auf ihre geringe Anzahl, sondern auf ihre Tüchtigkeit.
2. Setze du deine Hoffnung auf deinen Fleiß, nicht auf glückliche Zufälle!
3. Alexander wollte unter die Götter gerechnet werden.
4. Der Befehlshaber (= Anführer) stellte auf der Stadtmauer alle auf, die überhaupt Waffen tragen konnten, sogar Greise, Frauen und Knaben, um die belagerte Stadt mit äußerster Gewalt zu verteidigen.

[85]

Ablativ bei: ***anfangen*** **u. a.**
deutsch = wo? womit? lateinisch = von wo? woher?

1. Beginne mit deiner Arbeit!
2. Der Punische Krieg hat mit der Eroberung von Sagunt begonnen.
3. Die Feinde haben unerwartet (= unversehens) im Rükken und in den Flanken angegriffen.
4. Die Völker, die jetzt mit uns verbunden sind, haben nicht immer auf unserer Seite (= bei uns) gestanden.

Redewendungen mit Akkusativ und Ablativ

---

[86]

Redewendungen mit Akkusativ

1. Sokrates verteidigte sich vor seinen Richtern. Er schwor bei allen Göttern und Göttinnen, daß er nichts Unrechtes getan habe.

2. Ein gesunder Staat wird von sich selbst aus stark bleiben.
3. Wenn (= *cum*) wir etwas gegen die Natur tun, schaden wir uns selbst.
4. Freundschaft ist gegenseitige Liebe.
5. Laßt uns der Natur gemäß leben!

[87]

Redewendungen mit Ablativ

1. Seit meiner Kindheit lebe ich in dieser Stadt.
2. Die Römer rechneten ihre Jahre seit Gründung der Stadt.
3. Gegen böse Feinde müssen wir uns verteidigen (= schützen).
4. Die Soldaten sprangen von den Schiffen herab.
5. Wenn du mir morgen nicht helfen wirst, wird es um mich geschehen sein.
6. Im Verhältnis zu deinen Kräften hast du viel (Plur.) erreicht.
7. Der Gesandte konnte vor Tränen nicht sprechen.
8. Soviel an uns liegt, werden wir diese Schwierigkeiten überwinden.

Zusammenfassende Übung

[88]

Miltiades

Miltiades, von vornehmster Abkunft, erregte bei allen Zeitgenossen (*aequalis, -is,* m.) durch seine Bescheidenheit und Güte Bewunderung. Und tatsächlich reute seine Mitbürger später das Vertrauen nicht, das sie in ihn gesetzt hatten.
Denn als einst der Perserkönig Darius, gestützt auf die Ratschläge seiner Freunde, beschloß (Plusqu.), Griechenland

seinem Reiche einzuverleiben, bewährte sich Miltiades als der mutigste und umsichtigste Mann von allen.
Obwohl nämlich damals kein griechischer Staat den Athenern zu Hilfe kam, außer Platää (*Plataeenses, -ium,* m.), vermochte das athenische Heer die zehnfache Übermacht (= Anzahl) der Feinde zurückzuwerfen. Auf Veranlassung des Miltiades (= angetrieben durch das Ansehen des M.) hatten die Athener ihre Truppen aus der Stadt geführt, um an einem geeigneten Platz das Feldlager zu beziehen. Am nächsten Tage wurde auf der Ebene von Marathon *(campus Marathonius)* die Schlachtreihe aufgestellt. Der persische Feldherr Datis ließ 100 000 Mann zu Fuß und 10 000 Reiter vorrücken und begann im Vertrauen auf die große Zahl seiner Streitkräfte den Kampf. Jedoch wider Erwarten zeigte es sich, daß nicht den Stolzen, sondern, wie es im Sprichwort heißt, den Tapferen das Glück geholfen hat. Denn niemals vorher hatten so wenige Truppen über so viele Feinde einen so herrlichen Sieg errungen.
Dennoch zeigten sich die Athener zu wenig dankbar. Denn Miltiades, der die Heimat und ganz Griechenland befreit hatte, wurde zuletzt zu Unrecht des Hochverrates angeklagt und zu einer hohen Geldstrafe verurteilt.

B Lösungen

Substantiva — Pronomina

[1]
Subjekt und Prädikat

Kongruenz — das deutsche Subjektswort »man« — Stellung des gemeinsamen Subjekts im Haupt- und Nebensatz

1. In multis periculis veritas praesidium firmum est.
2. In silva tenebrae erant.
3. Athenae pulcherrima urbs fuit.
4. Homines non semper dicunt, quae vera sunt. Nos autem semper vera dicamus!
5. Qui semel falsa dixit, ei non credimus.
6. Laudamur, si strenui sumus.
7. Temporibus antiquis multi dei putabantur.
8. Potesne (possumusne) stellas numerare?
9. Dicunt, tradunt (ferunt), narrant . . .
10. Quae optamus (volumus), libenter credimus.
11. Caesar, cum interrogatus esset, respondit . . .
12. Filius, postquam domum patris reliquit, magnis curis vexabatur.
13. Postquam Varus in silva Teutoburgiensi legiones Romanas amisit, imperator Romae exclamavisse dicitur: Vare, redde mihi legiones!
14. Graeci, nisi prudentiores et fortiores fuissent quam multitudo Persarum, hos superare non potuissent.
15. Pater ad scholam scribit: Filius meus, cum aegrotus sit, scholam frequentare non potest.

[2]
Das Pronomen als Subjekt

1. Haec nostra, illa vestra domus est.
2. Admirare illas rosas! Hi sunt mei carissimi flores.
3. Specta (observa) lunam claram! Haec est perpetua custos (hier fem.) noctis.
4. Spectemus tabulam Europae: Haec tota terra continens est, haec maria circumcludentia sunt, illi montes numerosi sunt.
5. Da mihi istum librum! Is optimus omnium est.

[3]
Genus und Numerus bei mehreren Subjekten

a) Personen

1. Pater, mater, fratres, sorores mihi carissimi sunt.
2. Inter praedam fuerunt: viri, feminae, liberi, senes, etiam equi et aliae pecudes, qui omnes una ab hostibus deportati sunt.
3. Nioba et filii eius necati sunt.

b) Sachen

1. Caelum et terra a deo facta sunt.
2. Honores et divitiae caduca sunt.
3. Villa, aula, hortus mea sunt.

[4]
Korrelativa

1. Alexander Magnus tot victorias reportavit quot nullus dux antea.
2. Claudia non tam pulchra est quam tu, sed prudentior est.
3. Quo plura didiceris, eo prudentior eris.
4. Qualis dominus, talis minister.
5. Quot capita, tot sensus.
6. Quanto melius egeris, tanto magis praedicaberis.

[5]

Relativer Satzanschluß

1. Themistocles a patre exheredatus est. Quae ignominia eum non fregit, sed erexit.
2. Hannibal a rege Prusia proditus est. Quod crimen Hannibali mortem paravit.
3. Caesar nonnullis Romanis potentior factus est. Quam ob rem a Bruto et Cassio necatus est.
4. Alesia oppidum illustre Galliae erat. Quod a legionibus Caesaris vehementer oppugnatum est.
5. Hannibal acerrimus hostis Romanorum fuit. Qui eos multis pugnis vicit.
6. Me valde adiuvisti. Quod semper aestimabo.

Gebrauch des Imperfekts und Perfekts

---

[6]

1. Caesar, cum in senatu Romano versaretur, a coniuratis necatus est.
2. Germani libenter in silvis vastis venabantur.
3. Ferae agitabantur, donec a multis venatoribus captatae sunt.
4. Incolae oppidi sine cura quieti se dabant. Subito strepitu ingenti excitati sunt.
5. Remus a Romulo fratre necatus est, quod huic insultaverat.
6. Roma non uno die aedificata est.
7. Oppidum parvum oppugnatum est, donec hostibus potentioribus se dedit.
8. Horatius Cocles pontem Romae defendit, donec sodales eius servati sunt.

9. Germani deos suos non in templis, sed in lucis sacris venerabantur.
10. Graeci oraculum Delphicum, Romani haruspices, Germani sortes consulebant, cum de bello vel de pace constituere volebant.
11. Qui semel laudatus est, ne superbus esto!

Beugung unregelmäßiger Verben

[7]

Unregelmäßige Verben (1. und 2. Konjugation)

a) Verben auf *-are*

1. Cur vestimentum non lavisti? Lavari non potest.
2. Mater liberos valde increpuerat, quod munera non praestiterant.
3. Ne increpueris, nisi iustum est!
4. Antiqui ex lignis sectis casas et naves fabricabantur.
5. Milites non dimicaturi inutiles sunt, ut ait Scipio.
6. Liberi timebant, quod valde micuerat et tonuerat.
7. Periculis instantibus (instaturis) fortiter et audacter obstemus!
8. Ne dederis temere pecuniam hominibus tibi commodum pollicentibus!

b) Verben auf *-ere*

1. Tuis stultis verbis tibi ipse magis nocuisti quam adversario tuo.
2. Ne suscensueris sine causa iusta!
3. Non omnes, qui in carcere sederunt, mali sunt. Culpa aliorum fortasse peccaverunt.
4. Ne ausi sitis excitare adversarium, cuius vires ignoratis!
5. Intuere primo tua ipsius facta, deinde aliorum!

6. Qui non audet (audebit, *auch* ausurus est), vincere non potest.
7. Qui non pariturus est, multari (puniri) debet.

[8]
Verben auf *-ere* (3. Konjugation)

Perfekt auf *-vi, -ui, -si (-xi)*

1. Auxilia celeriter arcessita oppidum vehementer oppressum in tempore liberaverunt.
2. Consilium nostrum non quaesivisti; gere igitur solus tuam rem difficilem!
3. Ne spreveris auxilium amicorum proborum!
4. Casae in bello ustae — seditio afflicta — oratio habita — res gestae.
5. Latrones praedam opulentam in oppidum vexerant. Tum (deinde) denuo in mercatores inermes invecti sunt.
6. Carthaginienses contra Romanos diu bellum gesserunt.
7. Ne deserueris locum tutum, nisi antea meliorem invenisti!
8. Praesta, quae promisisti (pollicitus es).
9. Utinam opus tuum peregisses!
10. Te semper dilexi. Amicos tuos diligenter delegisti.
11. Qui vicit, modum servato! Iam multi bonum eventum victoriae superbia amiserunt.
12. Dominus generosus miseros sua potentia et suis divitiis protexerat (tutatus erat).

[9]
Weitere Verben derselben Art

1. Cicero consul coniurationem Catilinae detexit.
2. Temporibus antiquis milites gladiis strictis pugnabant.
3. Ne decesseris recta via!

4. Illi fabri laborem suum leviter neglexerant. Ex eo (hoc, quo) magnum incommodum ortum est.
5. Cur te laesisti? Non attentus fuisti.
6. Divide et impera!
7. Post mortem Alexandri Magni imperium eius divisum et postea exstinctum est.
8. Romulus fratrem necavit, quod hic illum illuserat.
9. Ne umquam vexaveris bestiam (animal) per iocum, nam dolorem sentit aeque ac tu!
10. Ne sparseris famas falsas (mendaces)!

[10]
Weitere Verben derselben Art

1. Dux victor gentem abalienatam graviter punivit, quod foedus leviter ruperat.
2. Nunc matronis occasio bene emendi est.
3. Leonidas Thermopylas cum manu electa defendit.
4. Ne reliqueris amicos tuos in miseria versantes!
5. Pater noster equum emit.
6. Qui officia neglexerit, ne mirator, si eventum non videbit!
7. Iuvat diu vivere, vixisse, victurum esse.

[11]
Verben der 3. Konjugation mit Perfekt-Reduplikation

1. Catilina rem publicam Romanam perditurus erat.
2. Pausanias civitatem suam turpiter prodiderat.
3. Qui nimium biberit (Fut. exakt!), desinito!
4. Avus meus domum suam venditurus est.
5. Ne credideris omnia, quae vicini tibi narrant!
6. Imber vehemens non destiterat. Agricolae orabant, ut mox desisteret.

7. Ne tetigeris anguem, ne te mortifere mordeat!
8. Pependistine omne tuum aes alienum?
9. Arbores altas caesuri sumus.
10. Sol occasurus est.
11. Nobis non succurristis, quamquam vos impuleramus.

[12]
Weitere Verben derselben Art

1. Pelle timorem tuum inutilem! Nam si eum pepuleris, quietior et firmior eris.
2. Audivistine, quam pulchre haec avis cecinisset?
3. Ulixes Troianos acerbe fefellit.
4. Carthago anno a. Chr. n. centesimo quadragesimo sexto incensa et exstincta est.
5. Clitus Alexandrum temere adeo offenderat, ut hic amicum hasta transfigeret.
6. Testis ab iudice acriter reprehensus est, quod reum sine argumento arguerat. Nefas (scelus, iniuria) est innocentem arguisse.
7. Reus absolvi poterat.
8. constituere: constituit, constituat, constituebat, constitueret, constituet, constituit, constituerit, constituerat, constituisset, constituerit. *Passiv* = constituitur, constituatur, constituebatur, constitueretur, constituetur, constitutum est, constitutum sit, constitutum erat, constitutum esset, constitutum erit.
9. consistere: consistit, consistat, consistebat, consisteret, consistet, constitit, constiterit, constiterat, constitisset, constiterit.

[13]
Verben auf *-sco* (Incohativa)

1. Amamus et curamus plantas crescentes et animalia crescentia.

2. Si bene quievimus, maiore vi et laetitia laboramus.
3. Assuesce iam mature officia tua in tempore explere!
4. Verum dicere consuevi (soleo).
5. Amicum meum feriis noscebam; nunc virtutem et fidem eius novi. Quando tu amicum tuum novisti?
6. Mater filio errorem ignovit.
7. (Cog)nosce te ipsum!
8. Ne quid iniusti poposceritis!
9. Discendo mens crescit.
10. Laudamini, quod sedulo didicistis.
11. Vaccae in prato pascuntur.
12. Hannibal ingemiscens in Africam remeavit (revertit).
13. Stude, ut honeste consenescas!

[14]
Verben der 3. Konjugation auf *-io*

1. Antiquis temporibus milites diripientes non puniebantur.
2. Mors populo nostro multos viros strenuos eripuit.
3. Clamor liberorum multos incolas allexerat.
   Clamore liberorum multi incolae allecti sunt.
4. Opus incipiens respice finem!
5. Laocoon sacerdos equum ligneum Ulixis hasta percusserat (transfixerat, perfoderat).
6. Gentes subiectae libertatem desiderant.
7. Captivis magnus metus iniectus est; tamen victores despexerunt.
8. Ne (con)cupiveris bonum alienum!
9. Defende te, si tibi honos et libertas rapiuntur (eripiuntur)!

[15]
facere und *fieri*

1. Fac pacem!
2. Pacem faciamus!

3. Cum adversario duro non facile pacem facies.
4. Caesar in Rheno pontem faciebat (fecit).
5. Cum parentibus meis iter in Aegyptum feci. Quando et quo vos iter facietis?
6. Amicus me de adventu suo certiorem fecit.
7. Equites equos difficultatibus itinerum assuefecerunt.
8. Solem calefacientem amamus.
9. Pax tandem fiat!
10. A coniuratis vis fiebat (facta est).
11. Carolus Magnus anno post Chr. natum octingentesimo imperator factus est.
12. Stulti homines raro prudentes fient.
13. Diebus festis porta alta templi patefiet.
14. Nonnulli homines duri etiam amore calefieri non possunt.

[16]
Komposita auf *ficere* (Aktiv und Passiv)

1. Mater nos excursioni large cibo (nutrimentis) affecit.
2. Litem miseram conficiamus!
3. Cur Romulus Remum interfecit?
4. Ne interfeceris!
5. Complura oppida Graeciae a patria defecerant.
6. Industria opus bene conficies (perficies).
7. Labienus a Caesare copiis praeficiebatur (praefectus est).
8. Oratione Ciceronis mutatio opinionis publicae efficiebatur (effecta est).
9. Per medicum strenuum vires Alexandri reficiebantur (refectae sunt).

[17]
Deponentia der 3. Konjugation

1. Loquere tantum prudentia!
2. Cur quereris? Ne questus sis! Nam causa tibi non est.
3. Scipio et Hannibal ante pugnam ad Zamam factam collocuti sunt.
4. Tecum collocuturus sum.
5. Mater filium revertentem magna cum laetitia amplexa (complexa) est.
6. Ephialtes Graecus proditione sua malam famam adeptus est.
7. Alexander moriens Perdiccae anulum suum dedit.
8. Capitolium ingrediamur!
9. Patere fortiter dolores tibi impositos!
10. Hannibal facile hostes aggredientes propulsavit.
11. Es attentus, ne tibi tempus pretiosum elabatur (dilabatur)!
12. Caesar copias proficiscentes admonuit.
13. Uxor patiens maritum irascentem permulsit (mitigavit, lenivit).
14. Pater, mox revertere! Pater reversus ab omnibus vehementer salutatus est.
15. Ulixes in patriam reversurus erat.
16. Diffide blanditoribus indignis!
17. Puella matri confisa est.

[18]
ferre und Komposita

1. Magister discipulo imperavit: »Aufer hunc librum et affer illum magnum!«
2. Post pugnam gravem vulnerati ablati et in oppidum proximum lati sunt.
3. Discrimen in posterum diem differebatur (dilatum est).

4. Duci victori munus summi sacerdotis offerebatur (oblatum est).
5. Dolores perferri non iam poterant.
6. Ne contuleris res inter se impares!
7. Cur magister noster diem examinis distulit?
8. Senatus legem novam tulerat. Postea haec lex sublata est; tolli poterat.
9. Nuntii victoriam referentes a plebe honorati sunt.
10. Cursor victoriam rettulisse dicitur.
11. Tolle impedimentum (difficultatem)! Impedimentum sublatum est.
12. Cura liberorum aegrotorum denique tolli poterat.

[19]
velle — nolle — malle

1. Discipuli natare volebant (voluerunt), sed magister hoc permittere noluit, quod flumen rapidius erat.
2. Laus est bonum velle (voluisse).
3. Cur id facere vultis?
4. In parva domo dominus esse malo quam in magna servus.
5. Idem velle et idem nolle vera amicitia est.
6. Complures amici sunt. Alii natare alii migrare volunt. Utrum vos mavultis?
7. Pater filio: »Cur discere non vis?« Filius patri: »Ludere malo.« Pater: »Satis lusisti. Nunc tempus discendi est!«
8. Qui puer discere non vult, vir maiore opera laborare debet.
9. Caesar pugnam ab hostibus quaesitam accipere nolebat (noluit); qua (hac) de causa legiones in castris retinuit.
10. Germani antiqui nihil malebant quam venari et armis exerceri.

11. Ne mentiti sitis! Nolite mentiri! — Ne desperaveritis! Nolite desperare! — Ne tacueris (noli tacere), si quem iniuriam facientem vides!
12. Graeci Asiae liberi esse malebant (maluerunt) quam sub potestate Persarum vivere.
13. Interdum cogimur facere, quae nolumus.
14. Socrates e carcere (vinculis) effugere noluit; legibus parere maluit.
15. Utinam libros tuos amare velis!

[20]
ire und Komposita

1. Pedibus ire malo quam vehi.
2. Semper via recta eas!
3. Heri in theatrum non iimus, sed hodie ibimus.
4. Incolae montium Hannibalem fefellerunt, ut exercitus eius via falsa iret.
5. Incolae, cum inopinantes ex oppido exirent, a latronibus oppressi sunt.
6. Caesar milites iam redeuntes denuo in aciem duxit.
7. In saltu Teutoburgiensi Varus cum legionibus suis periit.
8. Nunc tristitia obmutescat et pereat! Nunc bibamus et gaudeamus!
9. Cum elephanti flumen sua sponte transire nollent, Hannibal dolum adhibuit.
10. Fortiter pericula subi! Solum hoc modo viribus tuis uti discis.
11. Senatus cum legatis foedus iniit.
12. periculum praeteriens, periculi praetereuntis, periculo praetereunti, periculum praeteriens, periculo praetereunte, pericula praetereuntia, periculorum praetereuntium, periculis praetereuntibus, pericula praetereuntia, periculis praetereuntibus.

13. Temporibus antiquis captivi saepe sub corona venibant (venierunt). Servi in oppidum veniebant (venerunt), ut merces dominorum venderent.
14. Hi equi venire non possunt.
15. Agmen ab hostibus inclusum summa vi pugnavit, ne periret.
16. Consul Kalendis Januariis magistratum iniit. Populus (plebs) consulem magistratum ineuntem salutavit.

[21]
coepi — odi — memini

1. Hostes oppidum diripere iam incipiebant (coeperunt); tum de improviso oppido laboranti auxilium apparuit.
2. Incipe cito studium tuum!
3. Hannibal Romanos oderat.
4. Parentes saepe liberorum in terra aliena versantium meminerant.
5. Meminisse non possumus.
6. Memento certamine vincere!

[22]
Akkusativ mit Infinitiv — Grundform und Verfeinerungen

1. Troiani credebant Graecos discessisse.
2. Socrates: Scio, inquit, me nihil scire.
3. Ne oblitus sis parentes tuos magnam operam tibi adhibuisse.
4. Tibi promitto me nihil praetermissurum esse, quod tibi utile esse possit.
5. Testem falsa dixisse apparet.
6. Verisimile est nos proximo anno denuo nos visuros esse.
7. Constat Troiam dolo expugnatam esse.

8. Pater meus sperat me aliquando virum strenuum futurum esse. Spero eum non deceptum iri.
9. Cretenses ab Hannibale magna vasa acceperunt; putabant haec auro et argento completa esse.
10. Amicus meus putat te quidem strenuum et prudentem esse, se ipsum autem prudentiorem esse quam te.
11. Oportet nos legibus parere (oboedire).
12. Dux Graecorum minatus est se pontem in Hellesponto factum rescissurum esse.
13. Reus iuravit se nullam iniuriam fecisse (commisisse).
14. Daedalus speravit se et filium suum salvos volaturos esse.
15. Femina dixit filiam suam mox nupturam esse.

[23]
Konstruktionen mit *fore, ut*

1. Dominus aedificii beatus sperat fore, ut arbores horti sui proximo vere ample floreant.
2. Testes polliciti sunt fore, ut de iniuria accepta non tacerent (silerent).
3. Hannibal promisit fore, ut numquam inimicus Romanorum esse desisteret, oder: promisit se numquam inimicum Romanorum esse desiturum esse.
4. Magister sperat fore, ut Claudium pigritiae mox paeniteat.

[24]
velle, nolle, malle, cupere mit Infinitiv oder A. c. I.

1. Hannibal Romam capere cupivit, sed non contigit.
2. Valde cupio te amicum meum fieri.
3. Nos omnes beati esse volumus.
4. Pater non vult domum nostram venire.
5. Vir nobilis maluit se mori quam liberos suos.

[25]
Unregelmäßige Verben — A. c. I. — relativer Satzanschluß

De Mucio Scaevola

Circiter annum ante Chr. n. quingentesimum septimum Porsenna rex urbem Romam obsedit et Romanis gravia incommoda intulit. Quam ignominiam Mucius, vir superbissimus et fortissimus, tolerare noluit. Quam ob rem consilium cepit Romam ab hoc duro hoste liberare. Senatores adiit et oravit, ut sibi permitterent in castra hostium ire. Quod postquam senatus permisit, incognitus in castra Porsennae contendit. Sub veste gladium acutum abdiderat. Mediis in castris regem in sella regia sedentem vidit et iuxta eum scribam regium, qui militibus mercedem pendebat. Sed Mucius regem non noverat neque certum habebat, uter Porsenna esset; nam uterque aequo vestimento vestitus erat. Neque Mucius interrogare ausus est, ne se proderet. Tunc gladium ex veste strinxit et falso scribam occidit.

Porsenna vehementissime perterritus est. Iussit Mucium statim comprehendi et rogari et in patera ignem apportari, quo captivo mortem minari volebat. Sed Mucius cunctatus non est. Libere dixit se Porsennam tyrannum necare voluisse, non scribam. »Si autem«, inquit, »me necaveris, centum alii Romani parati erunt idem facere ac ego. Mortem non timeo.« Ut animum suum demonstraret, Mucius ante oculos regis et militum eius suam dextram manum mediam in flammam porrexit dolorem non monstrans.

Quo facto quibusque verbis illius Romani Porsenna perhorrescens adeo perterritus et commotus est, ut iuberet Mucium impunitum statim dimitti. Una cum Mucio legatos suos Romam misit et cum Romanis pacem fecit.

Romani Mucium maxime celebraverunt, ei cognomen Scaevolam dederunt, prata ante urbem sita donaverunt, quae postea Mucia appellata sunt. P. P. Rubens, pictor ille clarissimus, hanc rem imagine magnifica continuit.

[26]
Konsekutivsätze mit *ut* und *ut non*

1. Puer adeo exclamavit, ut tota domus concurreret.
2. Cicero tam eloquens fuit, ut nemo eum superaret.
3. Quis est tam modestus, ut non meliora et maiora sibi cupiat?
4. Nonnumquam (interdum) accidit, ut etiam infirmior firmiorem vincat.
5. Clitus Alexandrum temere adeo offenderat, ut hic ira incensus amicum hasta transfigeret.
6. Graecis non contigit, ut Troiam vi armorum expugnarent. Quo (ita, sic) factum est, ut Ulixes dolum equi lignei adhibere cogeretur.
7. Omnes homines mori debent. Ex eo sequitur, ut philosophi de vita post mortem cogitent et disserant.
8. Scipio Carthaginienses maiore arte belli gerendi vicit. Accedebat, ut Carthaginienses illi stultissimi Hannibalem imperatorem suum optimum in summo discrimine desererent.
9. Apud Germanos mos erat, ut feminae ac liberi una cum viris ad bellum proficiscerentur.
10. Fieri potest, ut erres.
11. Sapientia dei maior (altior) est, quam ut nos mortales eam perspicere possimus.
12. Fieri non potest, ut opinionem tuam sequar.

[27]
Konsekutivsätze mit *quin*

1. Etiam morbus me non impedit, quin officia mea expleam.
2. Dubium non est, quin iam multo ante homines vixerint, quam memoriae nostrae proditum est.

3. Quis nostrum dubitat, quin homines etiam regiones extremas mundi exploraturi sint?
4. Noli umquam dubitare, quin te libenter adiuturus sim, si auxilio meo indigeas!
5. Noli me impedire, quin auxilio indigentes adiuvem!
6. Facere non possum, quin te laudem.
7. Imperator facere non potuit, quin suum ipsius caput incenderet, ut eo hostem ex patria expelleret. Ita factum est, ut patriam liberaret.
8. Non multum afuit, quin Cyrus rex regni Persarum fieret.
9. Etiam periculum viros non impedivit, quin vitam in discrimen darent.

[28]
Finalsätze mit *ut* und *ne*

1. Caesar iterum atque iterum postulabat, ut sibi tandem frumentum promissum daretur.
2. Legem brevem esse oportet, ut eo (*auch* quo) facilius a civibus teneatur.
3. Vos admonemus, ut attenti sitis.
4. Sinon Graecus Troianis suasit, ut equum ligneum in oppidum traherent.
5. Tibi suadeo, ne voluntati amicorum obsequaris.
6. Id stude, ne quid mali (incommodi) aliis inferas!
7. Ariovistus gentibus finitimis persuadebat, ut se sequerentur.
8. Consules videre debebant, ne quid detrimenti caperet res publica.
9. Hannibal venenum hausit, ne vivus in manus Romanorum incideret.
10. Victi imperatorem victorem orabant, ut sibi ignosceret.
11. Magister discipulis: »Vobis hoc dico, ut res sciatis neve erretis.«

12. Caesar in tempore monitus est, ne Idibus Martiis in curiam iret. Quod neglexit.
13. Mater Coriolani filium oravit, ne Romae incommodum inferret.

[29]

timere, ne — periculum est, ne

1. Discipulus improbus timet, ne fraus detegatur. Nos autem causam timendi non habemus.
2. Pausanias timebat, ne proditio sua detegeretur.
3. Cave, ne ne minimam quidem iniuriam facias!
4. Heri timebam, ne venires. Hodie timeo, ne non (*auch* ut) venias.
5. Magnum periculum fuit, ne Troiani Graecos in equo inclusos detegerent.
6. Estne tibi periculum, ne pensum classis non perficias?

[30]

Direkte Fragesätze (Interrogativsätze)

1. Quis id fecit?
2. Cur id facere non vis (non facturus es)?
3. Cui id dare vis (daturus es)?
4. Quando Homerus fuit?
5. Credisne animam immortalem esse?
6. Esne contentus tuis (ipsius) rebus factis?
7. Nonne oportet scholam frequentare?
8. Nonne vitam sine curis vivere vis? Igitur labora in tempore!
9. Num possumus res futuras providere?
10. Num eventus laboris nostri casui subiectus est? Minime, diligenter cogitare et laborare debemus.
11. Utrum bona animi an corporis praefers?
12. Uter hoc certamine vincet, Quintus an Claudius? Tune an ego?

13. Utra imago tibi magis placet, ista (ne) an illa?
14. Utrum tandem respondebis annon (necne)?
15. (Utrum) haec pax diuturna erit an novum bellum timere debemus (... novum bellum timendum est)?
16. Comprehendistine animo ordines harum sententiarum?
17. Nonne animo comprehendisti ...?
18. Num animo comprehendisti ...?
19. (!) Qui aegrotus est, medicum adire debet.

[31]
Indirekte Fragesätze (Interrogativsätze)

1. Dicite mihi, quid heri feceritis!
2. Nescimus, quo modo mundus ortus sit.
3. Caesar ex mercatoribus quaesivit, quid de Britannia scirent.
4. Cicero consilia Catilinae scire voluit. *Oder auch:* Cicero scire voluit, quae consilia Catilina in animo haberet.
5. Vir adeo commotus erat, ut nesciret, quid responderet.
6. Antiqui nesciebant, quam ampla nostra terra sit (!).
7. Nemo nostrum scit, qui finis vitae suae futurus sit.
8. Magister interrogat, num omnes discipuli explicationes suas animo comprehenderint.
9. Alexander scire cupiebat, num dominus totius Asiae futurus esset.
10. Christus Johannem rogavit, num se amaret.
11. Scire velim, num aequales nostri mundum extremum exploraturi sint.
12. Nescio, utrum stultitiam istius illudam an maeream.
13. Iudex dubitavit, utrum verbis testis crederet annon.
14. Legatus Romanus ex senatu Carthaginiensium quaesivit, utrum pacem an bellum vellent.
15. Haud scio an erraveris. Haud scio an non adversarius tuus errorem tuum iterum ignoturus sit.

16. Pilatus ignorabat, num Christum damnaret. Postremo falso iudicavit.
17. Num te cras visitare possim, adhuc incertum est.

Das Partizip

[32]
Das attributive Partizip

1. Scipio Carthaginem flagrantem deflevit.
2. Fabri ex arboribus caesis naves fabricati sunt.
3. Discipuli laudati maiore studio laborant.
4. Cives res gestas ducis sui praedicabant.
5. Hostes fugati in patriam festinaverunt.
6. Temporibus praeteritis homines non meliores fuerunt quam hodie.
7. Milites gladiis strictis pugnaverunt.
8. Inutile est bonum amissum maerere.

[33]
Das prädikative Partizip

1. Hodie laete cantaturi sumus.
2. Oppidani obsessi sua sponte se dedituri non erant.
3. Hannibal Romam expugnaturus erat, sed ei non contigit.
4. Copiae cum primum elephantos aggredientes viderent, terga verterunt.
5. Homerus poeta Ulixem multas laetas, sed etiam crudeles fabulas narrantem facit.
6. Libenter aves cantantes audimus.

[34]
Das Participium coniunctum

1. Caesar proelium non iniit ratus montem adversum ab hostibus occupatum esse.
2. Alexander moriens anulum suum Perdiccae dedit.
3. Homini mendaci ne verum quidem dicenti credimus.
4. Milites pugnaturi ducem praedicant.
5. Admirantes etiam hodie aedificia antiqua spectamus.
6. Liberi gavisi in aquam frigidam saltaverunt.
7. Vesuvium veriti incolae perterriti ex oppido fugerunt.
8. Feminae gavisae viros ex bello revertentes acceperunt.
9. Ulixem post viginti annos domum revertentem sui non agnoverunt.
10. Hannibal a proditoribus circumventus venenum hausit.
11. Montem altum ascensurus surge mane!
12. Dux victor ex bello reversus consul creatus est.
13. Etiam nobis veniam dantibus venia dabitur.
14. Aeneae in nave dormienti tempestas imminuit.
15. Matri tibi obviam eunti flores dona!
16. Medicus strenuus aegrotis doloribus laborantibus libenter aderit.
17. Alios adiuvans adiuvabitur.
18. Virgo ex itinere reversa nupsit.
19. Hannibal non cunctans hostes inopinantes incursat.
20. Consilium aliorum hominum non sequemur voluntates eorum ignorantes.
21. Deus homines amans nonnumquam punit.
22. Cicero Catilinae: Multi te non sentientem custodiunt.

[35]
Der Ablativus absolutus

1. Liberis ludentibus pater librum legit.
2. Viris in acie pugnantibus feminae vulneratos curabant.

3. Sole occidente aves dormire incipiunt.
4. Vere ineunte copiae ex hibernis proficiscebantur.
5. Patre mortuo filius heredium suscepit.
6. Augusto imperante Christus natus est.
7. Matre vetante liberi igne luserunt.
8. Troia deleta Aeneas cum suis ex patria emigravit.
9. Hannibale auctore Saguntum obsessum et deletum est.
10. Domus Hannibalis Romanis auctoribus a militibus circumdata est.
11. Ponte rescisso incolae non iam in oppidum redire potuerunt.
12. Victoria parta pax erat.
13. Cicerone consule coniuratio Catilinae detecta est. — Publio Cornelio Tiberio Sempronio consulibus ...
14. Paucis viris angustias defendentibus multitudo hostium in patriam invadere non potuit.
15. Caelo sereno non tonat.
16. Patre invito (parentibus invitis) filia nupsit. Ex quo magna lis orta est.
17. Nihil te invito faciam.
18. Iudex reo audito iudicavit.
19. Cicero coniuratione Catilinae cognita acriter in eum consuluit.
20. Cyro amisso exercitus Graecorum sine duce in patriam rediit.
21. Socrates amicis praesentibus venenum sibi datum hausit.
22. Cassius constituit, ut ludi se absente fierent.

[36]
Sätze, in denen keine Partizipialkonstruktion möglich ist

1. Cum mater abisset, liberi se tranquille gesserunt.
2. Convivae postquam bene dormiverunt, laeti surrexerunt.

3. Cum arbores ample floruissent, autumno multa poma erant.
4. Flumen, quod ex ripis exierat, omnes agros inundavit.
5. Naves, quae heri advenerant, novis mercibus oneratae sunt.
6. Cato in libro, qui ORIGINES inscribitur, narrat de vita et moribus suorum temporum.

[37]
Vermischte Beispiele mit Participium coniunctum und Ablativus absolutus

1. Postquam legatus Romanorum oratione habita pacem et bellum obtulit, senatores ferociter succlamaverunt se bellum accipere.
2. Hannibal exploratore misso ratus fugam sibi non esse venenum hausit.
3. Periculo cognito veritus, ne ab hostibus intercluderetur, exercitus se recepit.
4. Laocoon vates exclamavit: Timeo Danaos et dona ferentes.
5. Hannibal a senatu revocatus Italiam reliquit maestus litus (oram) respiciens.
6. Capitis damnati in circo Romano exclamare solebant: Salve, imperator, morituri te salutant!
7. Puellae cantantes silvam peragraverunt adeo amatam.
8. Icarus patre invito altius volans de caelo alto in mare praecipitavit et in eo interiit.
9. Legati infecta re discedere coacti sunt.
10. Incolae fructibus, qui deciderant, vescebantur.
11. Maharbale suadente, ut Romam statim aggrederetur, Hannibal cunctatus occasionem commodissimam victoriae praetermisit.
12. Etiam repulsus aliquando ne animo defeceris!

13. Compluribus centurionibus iam interfectis et signis amissis Caesar ipse in primam aciem processit (suos) milites adhortans.
14. Cum Oedipus finem patriae transgressus esset, casu accidit, ut patrem suum eadem via vehentem lite exorta interficeret.
15. Pastor puerum invenerat et misericordia commotus in domum suam portaverat.
16. Victoria parta copiae in urbem reverterunt ab omnibus alacriter salutatae.
17. Victurus animo ne deficito etiam difficultatibus crescentibus!
18. Feminis et liberis spectantibus viri fortes victoriam egregiam pepererant.

Zusammenfassende Übung

[38]

De vidua et rustico

Mulier quaedam, quae modo maritum sepeliverat, cottidie sepulcrum visitavit, ut ibi fleret. Agricola, qui agrum prope colebat, viduam maerentem conspexit. Statim feminae miseritus iuxta eam consedit et cum ea flevit. Quae cum ex eo quaesivisset, cur ipse quoque tantopere quaereretur, respondit ille: »Ego quoque quendam hominem amisi: feminam virtute praestantissimam. Flens animum meum sublevo. Cum utrumque nostrum deus eodem dolore urserit, quaero ex te, nonne una manere possimus. Te diligam aeque ac priorem meam mulierem.«

Quibus verbis rusticus viudae persuadere potuit atque illa assensa est.

Sed interea fur appropinquaverat, qui boves disiunxit et abstraxit. Agricola igitur, postquam in agrum suum reversus iumenta noniam repperit, vehementer perterritus est. Mulier cum eum ita desperatum videret, rogavit: »Num iterum lacrimas?« — »Ita est«, inquit, »nunc re vera fleo.«

Der Akkusativ

[39]
Lateinisch transitiv gebrauchte Komposita

1. Ulixes, qui et amicos et inimicos calliditate praecedebat, consilium tam prudens iniit, ut bellum Troianum conficeretur.
2. Troia deleta victores oras incognitas praetervecti sero solum patriae ingressi sunt.
3. Scipio hospites, qui intraverant, his verbis allocutus est . . .
4. Ne allocutus sis dominum potentem, nisi moneris!
5. Athenienses frustra oraculum adierunt. Dubitabant, num foedus inirent. Postremo consilium inierunt.
6. Mucius, ille fortissimus, magnum periculum subiit.
7. Consul provinciam obiens ibi mortem obiit.
8. Hannibal cum Antiocho rege foedus iniit. Utinam ne inisset!
9. Praeterita praetereamus et solum rem praesentem respiciamus!
10. Dux militum oppidum circumiit explorandi causa.

[40]
Verben, die im Lateinischen den Akkusativ verlangen

1. Non omnia pericula effugere possumus.
2. Vos deficit prudentia.
3. Sequere me!

4. Obsequere amicis tuis, si tibi bonum consilium dant!
5. Bona voluntate te quidem adaequo, sed non facultate. Igitur adiuva me, quaeso!
6. Miseros libenter adiuvo. Miseri adiuti sunt.
7. Ne animo defeceris difficultates cernens!
8. Nonnulla oppida a Graecia defecerant.
9. Cyrus bellum contra Artaxerxem paravit.
10. Ne curaveris alienas res!
11. Iniuriam acceptam ulcisci non semper licet. Sed necesse est iniuriam puniri.
12. Muri Carthaginis solo adaequati sunt.

[41]
Unpersönliche Verben — Verben der Gemütsstimmung

1. Magistrum meum ne fallat me operam dare.
2. Athenienses dedecuit Socratem, hominem prudentissimum et probissimum, capitis damnavisse.
3. Nos omnes decet ius et verum defendere.
4. O te miserum! Quantopere fides tua te fefellit! Sed tua mens (sententia) proba te decet.
5. Vir falso argutus vehementer iniuriam sibi illatam questus est.
6. Athenienses sero mortem Socratis doluerunt. Nos autem probitatem huius magni philosophi admiramur.
7. Porsenna rex animum Muci perhorruit, qui dextram suam immolavit.
8. Nonnulli cives victum simplicem Diogenis irriserunt.
9. Spera victoriam! Tum eam adipisceris. Fortis solius mundus est!
10. Tuas ipsius res adversas querens cogita etiam res adversas (*auch* de rebus adversis) multorum aliorum hominum!

11. Hodie quoque nos iuvat pulchritudinem antiquarum statuarum et monumentorum admirari.
12. Divites viros et populos dedecet miseros illudere.

[42]
Akkusativ des inneren Objekts

1. Omnes iuvat vitam iucundam vivere neque quisquam cogitat libenter mortem (auch de morte).
2. Hannibal ius iurandum iuravit se semper hostem Romanorum futurum esse.
3. Ad Zamam pugna acris pugnata est.
4. Fuit atque est etiam hodie maximus honor Olympia vicisse.
5. Id studete, ut semper iustum faciatis et verum dicatis!
6. Cum bonum facimus, ne id gloriemur!
7. Cicero Catilinae: In animo habes rem publicam perdere. Sed id te prohibebo.
8. Amicus meus mihi rem miram narravit. Id (illud) non dubito, quin vera sit.

[43]
Akkusativ der Raum- und Zeitangaben

1. Incolae circum oppidum murum decem pedes altum et fossam quinque pedes latam duxerunt.
2. Hannibal novem annos natus exercitum patris comitatus est.
3. Ulixes multos annos in terris alienis versatus est.
4. Interdum aliquis longam seriem annorum exspectare debet, dum ei iustitia fiat.
5. Quot annos vitae nostrae discere debemus! Tum autem eventus nos iuvat.
6. Complures annos cum parentibus meis in hac urbe habito, sed nescio quot annos praeterea.

[44]
Doppelter Akkusativ (der Person und der Sache)

1. Docete liberos mature ordinem et disciplinam servare!
2. Quis primos homines sapientiam docuit? Quo modo sapientia in hunc mundum venit?
3. Me miseriam tuam non diu celare potes.
4. Catilina senatum coniurationem celare voluit, sed Cicero consul eam detexit.
5. Incolae de clade gravi non diu celari potuerunt.

[45]
Doppelter Akkusativ nach den Verben des Forderns, Bittens und Fragens

1. Latrones oppressos non solum pecuniam, sed etiam omnes merces poposcerunt (flagitaverunt).
2. Ne quid iniusti poposceris adversarios tuos!
3. Qui alios iniusta poscit, (homo) scelestus nominari debet.
4. Consul senatores sententiam rogavit.
5. Oro te, ut me adiuves — oder: peto a te auxilium.
6. Heri mihi auxilium tuum promisisti. Hodie id te rogo.
7. Viator imperitus incolam de via recta rogavit.

[46]
Akkusativ der Person und des Ortes

1. Dareus, qui copias Hellespontum traduxerat, quam celerrime se recipere coactus est.
2. A Germanis numerosis plures multitudines hominum Rhenum traductae sunt.
3. Itaque Caesar postulavit: Ne plures homines Rhenum traduxeritis!

[47]

Akkusativ bei den Verben: machen, ernennen, wählen zu, halten für . . ., beurteilen

1. Totus exercitus Poenorum Hannibalem iuvenem ducem creavit.
   Hannibal iuvenis a toto exercitu Poenorum dux creatus est.
2. Primo populus virum strenuum solum ducem creavit, deinde autem consulem fecit.
3. Eum felicem dicimus, qui curis vacat.
4. Senatores Catilinam hostem iudicaverunt.
   Catilina a senatoribus hostis iudicatus est.
5. Quem tu sapientem putas (existimas)?
6. Antiqui nonnullos viros egregios (claros) filios deorum putabant.
   Nonnulli viri egregii (clari) ab antiquis filii deorum putabantur.
7. Ne quemvis tibi blandientem amicum putaveris!
8. Brutus et Cassius Caesarem hostem rei publicae liberae putabant. Qua de causa eum interfecerunt.

[48]

Akkusativ bei den Verben: haben, sich zeigen, bewähren, benachrichtigen

1. Me beatum aestimo, quod te amicum habeo.
2. Dux primo agmini viros peritos comites dedit, ne exercitus recta via aberraret.
3. Hannibal in omnibus rebus fortissimum se praebuit (praestitit).
4. Te amicum certum praebuisti.
5. Fac me quaeso in tempore certiorem de consiliis tuis!
6. Cicero de coniuratione Catilinae certior factus iussit statim omnia verba et facta eius custodiri. Ita impedivit, ne Catilina rem publicam perderet.

7. Cur parentes tuos nondum de adventu meo certiores fecisti?
8. Incolae sero de adventu exercitus hostium certiores facti sunt.
9. Arria Paetum mortem filii celavit. Curavit, ne ille maturius certior fieret.
10. Senatus iussit omnes viros et feminas urbis statim certiores fieri. Etiam omnia municipia certiora facta sunt.
11. Hannibali de adventu Romanorum certiori facto venenum ultimum refugium (salus) fuit, ne in manus hostium incideret.

[49]
Akkusativ der Richtung

1. Caesar Romam revertit. Alcibiades Athenas, Hannibal Carthaginem revertit.
2. Pater post multos annos domum (suam) revertit.
3. Corinthum in Graeciam proficiscemur.
4. Mos erat nobiles Romanos Athenas, in urbem florentissimam Graeciae, venire.
5. Classis Romana in Britanniam navigavit.
6. Hodie cito domum festino, quod mater me exspectat.
7. Aestate libenter rus migramus.
8. Patriam amamus, sed etiam in Hispaniam aut Cretam aut Aegyptum aut in urbes claras velut Athenas in Graeciam, Alexandriam in Aegyptum, Neapolim in Italiam libenter proficiscimur.
9. Vere in regiones ad meridiem spectantes vecti sumus. Venimus Delphos, Troiam, quin etiam Babylonem.

Der Dativ

[50]
Das Dativobjekt

1. Res publica nobis munera imponit.
2. Adversario ignoscere (veniam dare) debemus.
3. Romani Hannibali legatos miserunt.
4. Crede mihi!
5. Homines prudentes nobis bene suadent.
6. Ne dixeris omnibus omnia!
7. Consilium tuum mihi et fratri meo multum profuit.
8. Hic cibus tibi nocebit.
9. Liberi silvae appropinquaverunt.
10. Senatui placuit contionem convocare.
11. Fugientibus contigit (evenit), ut incogniti effugerent.
12. Verba tua magistro displicuerunt.
13. Quod licet Jovi, non licet bovi.
14. Heri mihi magna calamitas accidit. Utinam ne umquam mihi accidat!
15. Dic mihi, quid tibi placuerit!
16. Reus iudici roganti non respondit.
17. Stultum est firmiori bellum inferre.
18. Dux victor praedam militibus distribuit.

[51]
Deutsche transitive Verben, die im Lateinischen mit dem Dativ verbunden werden

1. Litteris studeamus!
2. Ne cui innocenti maledixeris!
3. Lex punit aliis maledicentem.
4. Soror mea amico meo nubet (nupsit).
5. Care medice, medere morbo meo!

6. Ne obtrectaveris gloriae virorum bene meritorum!
7. Multa bella orta sunt, quod altera gens alteri invidebat.
8. Ne invideris fortunae et divitiis vicini tui! Fortuna enim verti potest.
9. Accidit, ut pulchritudini feminae invideatur.
10. Oratione tua mihi persuasisti. Itaque te sequar.
11. Atheniensibus falso persuasum erat Socratem iniuriam fecisse.
12. Tibi persuasum sit! Vobis persuasum sit! Nobis persuasum est.
13. Qui divitiis suis nimis parcit, iure avarus appellatur.
14. Mors nemini parcit.
15. Decertans ne peperceris viribus tuis!

[52]
Verba composita, transitiv und intransitiv, mit Dativ

1. Brutus et Cassius Caesari vim attulerunt.
2. Apud Romanos consul civitati praeerat.
3. Perpauci interitui Troiae superfuerunt.
4. Consul: »Qui mihi succedit«, inquit, »munere melius fungatur quam ego!«
5. Laus magistri mihi spem iniecit.
6. Proconsul pugnae non interfuerat.
7. Claudius nobis omnibus industria praestat.
8. Primo Graeci Romanis omnibus generibus artis praestiterunt.
9. Homines antiquorum temporum deis supplicabant.
10. In civitate recta nobis persuasum est neminem nobis vim afferre.
11. Ulixes aequalibus suis dolo, Cicero eloquentia praestitit. Qua re tu amicis tuis praestas?
12. Fac optimum! Tum tibi invidebitur.
13. Pater mihi librum donavit, oder . . . me libro donavit.

[53]
Verben mit Bedeutungswechsel
Bedeutung beim Akkusativ

1. Cave angues!
2. Cavete nimias divitias; nam pericula parant.
3. Qui pericula non cavet, eis interire potest.
4. Qui rem publicam regit, futura providere debet.
5. Graeci oraculum Delphicum consulebant. — Quem tu consulis?
6. Timemus adversarios, sed etiam amicos falsos cavemus; nam et tales sunt.
7. Romanis ars rem publicam bene regendi erat.
8. Lex in eos acriter consulit, qui saluti communi nocent.

[54]
Verben mit Bedeutungswechsel
Bedeutung beim Dativ

1. Parentes diligentes liberis cavent.
2. In iuventute senectuti provideamus (prospiciamus)!
3. Arria marito (coniugi) aegroto metuit (timuit); qua de causa tacuit.
4. Qui cupiditatibus suis non temperat, servus earum est.
5. Hominibus nobilibus non convenit foeda dicere.
6. Virum vituperamus, qui solum sibi ipsi cavet (providet, consulit, timet, metuit).
7. Alexander sero cognovit se irae non temperavisse, cum Clitum interficeret.

[55]
Dativus commodi

1. Fortunam petimus non solum nobis ipsis sed etiam nostris.

2. Leonidas et milites eius se saluti Graeciae immolaverunt.
3. Lingua homini inimica periculosa est.

[56]
Dativus possessivus

1. Primi Christiani inter se confirmabant: Quae mihi sunt, tua quoque sunto!
2. Cui multa sunt, dato nihil habentibus!
3. Apud Gallos summo magistratui potestas vitae et necis erat.
4. Quibus multa sunt, ei multa perdere possunt.

[57]
Dativ beim Gerundiv

1. Nobis omnibus laborandum est.
2. Discipulis discendum est.
3. Legibus parendum est.
4. Ciceroni in Catilinam consulendum erat.
5. Fac me certiorem, quando mihi proficiscendum sit!
6. Puto a me tibi respondendum esse.
7. De hac re nobis disputandum est.
8. Nunc est bibendum! ait Horatius poeta.

[58]
Dativus finalis, sogenannter doppelter Dativ

1. Caesar legatis dixit sibi salutem illius gentis magnae curae esse (auch valde cordi esse).
2. Industria discipulo magnae laudi fuit.
3. Incolae vallum altum exstruebant, quod sibi praesidio esset.
4. Auxilium tuum mihi magno usui erit.
5. Romani Catoni gloriae dabant, quod parcissimus et severis moribus erat.

6. Hannibal iure regi Prusiae crimini dedit, quod hic se Romanis prodidisset.
7. Helvetii Caesari moram falso ignaviae tribuerunt.
8. Vicini agricolae laboranti auxilio venerunt.
9. Dux oppido circumvento duas cohortes praesidio reliquit.
10. Pugna pugnata legatus receptui cecinit.
11. Uterque imperator diem colloquio dixit.
12. Hannibal Romanis acerbissimo odio fuit.
13. Ille vir dives iniuria ceteris invidiae fuit.
14. Scientia tua nobis admirationi est.

[59]
Dativ bei Adjektiven

1. Multae herbae nobis utiles et salutares sunt.
2. Dic mihi, cui amicus, cui infestus sis!
3. Amici Alexandri timebant, ne remedium Philippi medici regi noxium, quin etiam perniciosum et mortiferum futurum esset.
4. Hoc consilium a te datum nobis idoneum (aptum) non est.
5. Discere tibi necessarium est!
6. Opinio tua meae dispar est, sed moribus pares sumus.
7. Nonnullae gentes Gallorum propinquae Oceano, nonnullae prope Rhenum habitabant.
8. Convenienter naturae vivamus!

[60]
Gemischte Beispielsätze für Akkusativ und Dativ

1. Catilina coniuratis suis dixit, ut se fide adiuvarent neve animo deficerent.
2. Elephantus lacessitus hominem maleficum pro vulnere ultus est.

3. Nonnullos non iuvat discere, sed postea intellegunt hunc laborem sibi utilem fuisse.
4. Qui gloriam et eventum sperat, videat, ut studio suo temperet.
5. Cicero consulatum petivit. Orationes eius clarissimae putabantur. Sed foede mortem obiit.
6. Cicero quondam in senatu exclamavit: O tempora! O mores!
7. Graeci Asiae servitutem servire noluerunt. Qua de causa arma ceperunt.
8. Sole demum occidente incolae Romae de clade gravi certiores facti sunt.
9. Quicumque se prudentem putat, non semper a ceteris prudens habetur.
10. Omnes populi libertatem desiderant; sed de libertate nobis certandum est.
11. De duobus hominibus recte iudicabis, cum facta alterius cum factis alterius conferes.
12. Decet viros, qui rem publicam regunt, integros esse et saluti communi cavere.

Der Genetiv

[61]
Genetivus partitivus

1. In foro copia hominum stetit, qui consulem exspectabant.
2. Paulum vini bibere non nocet, sed nimium vini periculum parat.
3. Imperator victor aliquantum pecuniae Romam portavit.
4. Quo modo fieri potest, ut tantum ingenii tam misere intereat!

5. Caesar in oppido expugnato satis praesidii reliquit.
6. Quis vestrum aliquid pecuniae secum habet?
7. Nihil huius lucri accepi.
8. Nemo omnium mortalium aliquid de vita post mortem scit.
9. Claudius longe prudentissimus discipulus omnium est. Sed estne etiam optimus omnium?
10. Legati omnium fere gentium Romam venerunt.
11. Pauci senatores aliquid certi de coniuratione sciebant.
12. Ubi terrarum tantum luxuriae fuit quantum Romae?
13. Tyrannus eo crudelitatis processit, ut captivum cruci affigeret.
14. Utinam eo probitatis procedas, ut etiam adversarii te laudent!
15. Rex Persarum duo milia navium in Graeciam misit. Hannibal circiter quinquaginta milia peditum et decem milia equitum in Italiam duxit.

[62]
Genetivus possessivus

1. Ista domus avi mei est, cui etiam aliae sunt.
2. Post multos annos Troia Graecorum facta est.
3. Augurum erat numen deorum exquirere.
4. Hominis prudentis est errores intellegere et corrigere.
5. Iure dicimus civium fidorum esse legibus sua sponte obtemperare.
6. Heri amicum tuum vidi.
7. Magister interrogabat: Cuius est hic liber?
8. Nostrum est ius et verum omni tempore defendere.
9. Pater negavit suum esse aes alienum filii solvere.
10. Ille iuvenis sua ipsius culpa interiit, quod non attentus fuerat.
11. Multae gentes iniuria finitimis bella intulerunt et sua ipsarum culpa interierunt.

12. Aristidi Graeco cognomen iusto datum est; tamen in exilium missus est.
13. Tacitus tradit Germanorum fuisse mortuos nobiles cremare.

[63]
Genetivus subiectivus und obiectivus

1. Amor parentum erga liberos saepe maior est quam amor liberorum in parentes.
2. Hodie quoque fortitudinem Leonidae regis Graecorum admiramur.
3. Fides coniugum certum pignus familiae felicis est.
4. Bonum facere debemus non spe praemii, sed ex officio.
5. Metus mortis inutilis est, cum hanc effugere non possimus.
6. Hannibal odio Romanorum incensus erat.
7. Templum Jovis Maximi honoris causa ornatum est.
8. Rem publicam amare debemus non nostra ipsorum causa, sed salutis communis causa.
9. Te rogo, ut id mea gratia, non familiae gratia facias. Nam ego quoque te adiuvi amore tui commotus.
10. Bona faciamus dei gratia!

[64]
Genetivus qualitatis

1. Ovidius poeta vir ordinis equestris fuit.
2. Quot annos natus es? — Puer (puella) tredecim annorum sum.
3. Non omnis laus vel vituperatio res magni momenti est.
4. Antiquis temporibus adversarii saepe veneno sublati sunt. Mors eius modi non rara fuit.
5. Alexander quamquam facile ira incendebatur, tamen vir magni ingenii fuit.

6. Germani eximiae constantiae et fortitudinis erant. At Poeni eximiae perfidiae erant.

[65]
Genetiv bei Adjektiven und Partizipien

1. Qui nimis gloriae cupidus est, facile corruere potest.
2. Amici Catilinae omnium consiliorum conscii fuerunt.
3. Socrates nullius culpae sibi conscius fuit; qua de causa bono animo mortem obiit.
4. Romana superba plena laetitiae filios monstravit.
5. Qui beneficiorum aliorum hominum immemor est, dignus non est, qui ametur.
6. Civi patriae amanti civitas iusta praesidium et honorem praebet.
7. Laboris fugienti non licet mercedem et eventum exspectare.
8. Iam multi viri et feminae nimis gloriae appetentes sine gloria interierunt.
9. Luxuria et mali mores Romae intereuntis propria erant.
10. Pater filio: Specie mei similis es, sed non moribus. Tum mater: Utinam industria et virtute nostri similis sis!
11. Hoc templum praeclarum Apollinis, illud Iunonis sacrum erat.

[66]
Genetiv bei Verben
meminisse, oblivisci, mentionem facere

1. Si maior natu eris, memento libenter amicitiae nostrae (*auch* amicitiam nostram)!
2. Ulixes etiam in erroribus Ithacae patriae (*auch* Ithacam patriam) numquam oblitus erat et uxoris et filii meminerat.

3. Tibi permitto, ut beneficia mea (*auch* beneficiorum meorum) obliviscaris, sed ne oblitus sis, quaeso, mei ipsius!
4. Mementote (recordamini) regulas adhuc doctas linguae Latinae!
5. Liscus in colloquio cum Caesare habito et bonorum et malorum factorum Dumnorigis mentionem fecit.
6. Si apud iudicem tuum loqueris, animi est opinionis tuae adversae mentionem facere; sed dic hanc caute!

[67]
Genetiv bei unpersönlichen Ausdrücken (Impersonalia)
piget, pudet . . .

1. Claudius nunc sedulo discit, quod eum pigritiae pudet.
2. Nonnulli mortem sibi consciscunt, quod eos vitae taedet. Sed haec opinio falsa et stulta est. Illi potius laboranto!
3. Athenienses mortis maturae Socratis paenituit.
4. Ne te paeniteat auxilii mihi praebiti! Me tibi gratum praebebo.
5. Dicimus quidem: Domine, miserere nostri! — Sed etiam te misereat multorum miserorum ubique terrarum!
6. Si te huius laboris piget, capesse alium! Sed fac aliquid utile!

[68]
Genetiv bei Verben des Gerichtsverfahrens (Genetivus criminis)

1. Pausanias ab ephoris proditionis convictus est.
2. Ne quem argueris iniuriae, nisi hanc demonstare potes!
3. Temporibus imperatoris Traiani multi Christiani maiestatis laesae arcessiti (arguti, accusati) sunt. Sed etiam multi capitis absoluti sunt, ut Plinius tradit.

4. Catilina de repetundis damnatus erat; etiam Verres eiusdem facinoris argutus erat.

[69]
Genetivus pretii

1. Illa merx non magni est; itaque parvo venit (!).
2. Hic liber minoris constat quam ille.
3. Puto patrem tuum domum vestram minimo emisse. Nunc eam magno vendere vult (venditurus est).
4. Mea interest, utrum magni an parvi me aestimes.
5. Operae pretium non est hunc parvum laborem incipere.
6. Hannibali operae pretium non erat legatos Romanos accipere.

[70]
Genetiv bei *interest* und *refert*

1. Uniuscuiusque civitatis interest (refert) incolas contentos esse.
2. Ciceronis consulis magnopere intererat quam plurimum de coniuratione Catilinae comperire.
3. Mea maxime interest, quid magister meus de me iudicet. Timeo, ne laborem meum parvi aestimet.
4. Aliorum velut Catonis intererat Carthaginem deleri, aliorum magis intererat Carthaginem servari.
5. Docti nostri iure dicunt ad vitam humanam recte formandam magni interesse mundum exquiri.

Der Ablativ

[71]

Ablativ der Trennung (Ablativus separativus) und der Herkunft (Ablativus originis)

1. Caesar Roma profectus est, ut in Galliam perveniret.
2. Hannibal exercitum suum ex Sicilia in Africam traduxit.
3. Ex oppido Gergovia nuntius delatus est exercitum hostium appropinquare.
4. Carthagine Romam legati venerunt, qui pacem peterent.
5. Pompeius Dyrrhachio discedere voluit.
6. Nonnulli viri humili loco nati summis muneribus functi sunt, quod strenui erant.
7. Ille Romanus nobili genere natus (ortus) fuit. Themistocles ex cive Acarnana natus est.
8. Alexander: »Utinam«, inquit, »homines putarent (crederent) me a deis ortum esse!«
9. Grati simus, si parentibus honestis et felicibus nati sumus!

[72]

Ablativ der Trennung bei bestimmten Verben

a) der bloße Ablativ

1. Nos miseret eorum liberorum, qui parentibus carent.
2. Antiquis temporibus mos erat hostem victum armis spoliare.
3. Si consilio tuo egebo (indigebo), te consulam.
4. Festina ad medicum! Tum doloribus vacabis.
5. Quando tandem a meis adversariis vacuus ero!

b) bloßer Ablativ oder Präposition möglich

1. Abstinete (ab) iniuria, ut culpa vacetis!
2. (Ex) patria expulsus patriam desiderat.

c) Präposition muß gesetzt werden

1. Gyges perfidus reginam levem a coniuge abalienavit.
2. Homo a bestiis differt mente et lingua.
3. Separate (seiungite) vos in tempore ab hominibus improbis! Est melius solum esse quam in consuetudine mala.
4. Hostes exercitum Romanum re frumentaria intercludere conati sunt.
5. Servus a nece Mari illius nobilissimi abhorruit.

[73]
Der Ablativ des Vergleichs (Ablativus comparationis)

1. Germani antiqui nihil magis amabant equis, armis, venatione.
2. Cicero: »Nihil«, inquit, »iucundius est sermone faceto.«
3. Ferrum utilius auro est.
4. Verba tua clariora sole (luce) sunto!
5. Caesar exspectatione celerius in Galliam advenit.
6. Ille vir doctus plus solito scit.

[74]
Das Relativpronomen im Ablativ des Vergleichs

1. Heri equum vidi, quo celerior non est.
2. Claudius putat se esse discipulum, quo prudentior in schola nostra non est. Sed errat.
3. Libri, quibus pretiosiores antiquis temporibus non fuerant, incendio bibliothecae Alexandrinae deleti sunt.
4. Hoc fuit responsum, quo prudentius a te numquam audivi.

[75]
Ablativ der Begleitung (Ablativus comitativus), der Art und Weise (Ablativus modi)

1. Xerxes cum exercitibus et navibus contra Europam profectus est.
2. Helvetii cum omnibus suis rebus patriam reliquerunt.
3. Iuvenis examen summa cum laude absolvit.
4. Avus meus aetatem suam cum pace agere desiderat.
5. Hannibal specie auxilii partem inutilem militum suorum in oppida agri Bruttii dimisit.
6. Iure — dolo — casu — iniuria.
7. Dux Poenorum non sua sponte in Africam rediit.
8. Multi viri et feminae omnium gentium vitam suam sua sponte civitati consecraverunt. — Tune id faceres tua sponte?
9. Mater filium multis cum lacrimis consolata est.
10. Equus ligneus magno cum clamore in oppidum tractus est.

[76]
Ablativ des Mittels (Ablativus instrumenti)

1. Quae bonis verbis assequi non possumus, ea interdum vi perficere debemus.
2. Caesar adversarios magno animo tractabat.
3. Viatores fessi fame et siti vexabantur.
4. Hannibal proelio vicit auxilio elephantorum. Sed hic clarus imperator misera (foeda) proditione interiit.
5. Pausanias epistulas suas per nuntios certos in Asiam mittebat.
6. Caesar per exploratores certior factus est. Idem vir postremo a Bruto et Cassio interfectus est.
7. Germani carne et lacte vivebant (vescebantur), ut Tacitus tradit.

8. Equo vel nave vehi iuvat, praesertim feriis.
9. Capitis damnati bestiam feram proelio lacessere cogebantur.
10. Nonnulli fuga salutem petunt, sed fuga non inveniunt.
11. Assuesce in tempore labore assiduo!
12. Tuis rebus contentus es!

[77]
Ablativ nach bestimmten Verben und Adjektiven

1. Caesar naves militibus complevit; tum in Britanniam navigavit.
2. Hospes convivas cibo et poto large delectavit.
3. Ne tuos dolore affeceris!
4. Archimedes cum formis intentus esset, de improviso a milite Romano interfectus est.
5. Praebe te dignum fiducia mea!
6. Non sufficit (satis est) magna scientia praeditum esse. Uti quoque ea debemus!
7. Hoc verbum te non dignum fuit.
8. Magni aestimamus regionem opibus omnis generis abundantem et copiis pretiosis impletam.

[78]
Ablativ bei den Deponentia *uti*, *frui*, *fungi*, *vesci*, *potiri* und bei *opus est*

1. Fungimini, magistratus, probe muneribus vestris!
2. Qui aetate (senectute) cum pace frui vult, in iuventute laborato!
3. Ne abusi sitis bonitate et patientia amicorum vestrorum! Nam hi (de) magno animo desistere possunt, si vobis bonam voluntatem deesse vident.
4. Utere tempore! Utere una quaque occasione discendi!
5. Nitere solum amicis certis!

6. Dux victor toto aerario hostium potitus est.
7. Parentes mei tuis familiariter uti desiderant.
8. Istis discipulis discendo maxime opus est.
9. Dic mihi, quid tibi opus sit! Puto tibi multa opus esse.

[79]

Ablativ der Ursache (Ablativus causae)

1. Cicero: Mea opinione (sententia) Graeci non meliores fuerunt quam Romani.
2. Roma posterioris aetatis luxuria quasi morbo laborabat et eo periit.
3. Multae gentes interierunt, quod bellis fessae erant.
4. Pons iussu Caesaris rescissus est.
5. Alexander Clitum ira incensus interfecit.
6. Nonnulli facinus committunt cupiditate pecuniae inducti.
7. Discipulus piger paulum discit spe (fiducia) amicorum adiuvantium adductus.
8. Victor misericordia commotus imperaverat, ne victi iam spoliarentur neve vexarentur.
9. Ne maturius gloriati sitis eventu!

[80]

Ablativ der Beziehung (Ablativus limitationis) und des Unterschiedes (Ablativus mensurae)

1. Graeci Romanos praesertim artibus superabant (vincebant). At Romani excellebant institutis et legibus rei publicae.
2. Iudico homines non (ex) specie, sed (ex) factis.
3. Grandibus (maioribus) natu adsumus, si aetate vel morbo infirmiores fiunt.
4. Vir nomine Ephialtes patriam foede prodiderat.

5. Nonnulla bona et mala facta multis denique annis post cognoscuntur.
6. Multo melior — aliquanto minor — paulo ante.

[81]
Ablativ als Lokativ

1. Hannibal exercitum loco sibi idoneo instruxit.
2. Persae Graecis numero terra marique multo praestabant, at tamen eos superare non potuerunt.
3. Senatus Romanus consilia Romae, ille Carthaginiensium Carthagine habebat.
4. Proximo anno cum parentibus meis fortasse Athenis versabor.
5. Ego tuo loco artibus me darem, si scholam absolvissem.
6. Tota urbe magnus motus erat.

[82]
Ablativ der Zeit (Ablativus temporis)

1. Antiquis temporibus nocte (noctu) et hieme non pugnatum est, eo magis autem die, praesertim vere et aestate.
2. Agricolae labores ortu solis incipiunt et occasu solis finiunt.
3. Quae prima pueritia vidimus, ea etiam summa senectute meminimus.
4. Temporibus maiorum nostrorum alii mores erant.
5. Sunt, qui initio (principio) impigerrimi sint, tum autem officia neglegant.

Ortsbestimmungen im Akkusativ und Ablativ

[83]

Akkusativ bei: *ankommen, versammeln, melden*
deutsch = wo? lateinisch = wohin?

1. Principes gentium in caput (urbem) convenerunt.
2. Exercitus Germanorum clam in silvas densas se abdiderunt, ut Romanos de improviso opprimerent.
3. Classis ad Britanniam appulit.
4. Matronae perterritae in forum concurrerunt.

[84]

Ablativ bei: *setzen, stellen, legen*
deutsch = wohin? lateinisch = wo?

1. Leonidas et sui spem non in parvo numero sed in virtute posuerunt.
2. Pone tuam spem in industria tua, non in casibus felicibus!
3. Alexander in deis numerari desiderabat.
4. Dux in muro oppidi omnes collocavit, qui omnino arma ferre poterant, etiam senes et feminas et pueros, ut oppidum obsessum summa vi defenderet.

[85]

Ablativ bei: *anfangen* u. a.
deutsch = wo? womit? lateinisch = von wo? woher?

1. Incipe labore tuo!
2. Bellum Punicum ab expugnatione Sagunti ortum est.
3. Hostes de improviso a tergo et a lateribus aggressi sunt.
4. Populi, qui nunc nobiscum iuncti sunt, non semper a nobis steterunt.

Redewendungen mit Akkusativ und Ablativ

[86]
Redewendungen mit Akkusativ

1. Socrates apud iudices se defendit. Iuravit per omnes deos et deas se nihil iniusti fecisse.
2. Res publica sana per se ipsa valebit.
3. Cum quid praeter naturam facimus, nobis ipsis nocemus.
4. Amicitia est amor inter se.
5. Secundum naturam vivamus!

[87]
Redewendungen mit Ablativ

1. A pueritia in hac urbe vivo.
2. Romani annos (aetatem) ab urbe condita numerabant.
3. A malis adversariis nos defendere (tueri) debemus.
4. Milites de navibus saluerunt.
5. Nisi mihi cras aderis, de me actum erit.
6. Pro viribus tuis multa assecutus es.
7. Legatus prae lacrimis loqui non potuit.
8. Quantum in nobis est, has difficultates superabimus.

Zusammenfassende Übung

[88]

De Miltiade

Miltiades, nobilissimo genere natus, omnibus aequalibus modestia et clementia admirationi erat. Ac profecto cives eius fidei postea non paenituit, quam in eo collocaverant.

Nam cum quondam Darius, rex Persarum, amicorum consiliis nixus, Graeciam regno suo adiungere decrevisset, Miltiades hominem audacissimum prudentissimumque omnium se praestitit.

Quamquam enim tum nulla Graecorum civitas Atheniensibus auxilio fuit praeter Plataeenses, exercitus Atheniensium decemplicem numerum hostium pellere potuit. Auctoritate Miltiadis impulsi Athenienses copias suas ex urbe eduxerant loco idoneo castra facturi. Postero die in campo Marathonio acies instructa est. Datis, dux Persarum, peditum centum, equitum decem milia progredi iussit fretusque magno numero virium suarum proelium commisit. Sed praeter exspectationem non superbos, sed — ut est in proverbio — fortes fortunam adiuvisse apparuit. Numquam enim antea tam exiguae copiae a tot hostibus tam praeclaram victoriam reportaverunt.

Attamen Athenienses parum gratos se praebebant. Nam Miltiades, qui patriam totamque Graeciam liberaverat, postremo proditionis iniuria accusatus magna pecunia multatus est.